創価高等学校

〈収録内容〉

便利な DL コンテンツは右の QR コードから

⇒ 

※データのダウンロードは 2025 年 3 月末日まで。
※データへのアクセスには、右記のパスワードの入力が必要となります。 ⇒ 069940

〈合格最低点〉

※学校からの合格最低点の発表はありません。

本書の特長

実戦力がつく入試過去問題集

- ▶ 問題 ……………… 実際の入試問題を見やすく再編集。
- ▶ 解答用紙 …… 実戦対応仕様で収録。
- ▶ 解答解説 …… 詳しくわかりやすい解説には、難易度の目安がわかる「基本・重要・やや難」の分類マークつき（下記参照）。各科末尾には合格へと導く「ワンポイントアドバイス」を配置。採点に便利な配点つき。

入試に役立つ分類マーク 

基本 確実な得点源！
受験生の 90%以上が正解できるような基礎的、かつ平易な問題。
何度もくり返して学習し、ケアレスミスも防げるようにしておこう。

重要 受験生なら何としても正解したい！
入試では典型的な問題で、長年にわたり、多くの学校でよく出題される問題。
各単元の内容理解を深めるのにも役立てよう。

やや難 これが解ければ合格に近づく！
受験生にとっては、かなり手ごたえのある問題。
合格者の正解率が低い場合もあるので、あきらめずにじっくりと取り組んでみよう。

合格への対策、実力錬成のための内容が充実

- ▶ 各科目の出題傾向の分析、合否を分けた問題の確認で、入試対策を強化！
- ▶ その他、学校紹介、過去問の効果的な使い方など、学習意欲を高める要素が満載！

解答用紙ダウンロード	解答用紙はプリントアウトしてご利用いただけます。弊社ＨＰの商品詳細ページよりダウンロードしてください。トビラのＱＲコードからアクセス可。
リスニング音声ダウンロード	英語のリスニング問題については、弊社オリジナル作成により音声を再現。弊社ＨＰの商品詳細ページで全収録年度分を配信対応しております。トビラのＱＲコードからアクセス可。
UD FONT	見やすく読みまちがえにくいユニバーサルデザインフォントを採用しています。

創価高等学校

普通科
生徒数　1014名
〒187-0024
東京都小平市たかの台2-1
☎042-342-2611
西武国分寺線鷹の台駅　徒歩10分

小学校から大学までの一貫教育体制。英語教育に力を注ぎ、世界市民を育成

URL	http://tokyo-senior.soka.ed.jp/

世界の文化に貢献する人材を育成

1968（昭和43）年に、創立者池田大作先生により、中高一貫の男子校として創立された。その後、幼稚園、小学校などを設立。1982年には中・高ともに男女共学に移行し、小学校から大学まで男女共学の一貫教育体制が整えられた。

「健康な英才主義」と「人間性豊かな実力主義」の教育方針のもと、「世界市民探究」の授業を実施し、21世紀の平和と文化を担う「世界市民」の育成を目指している。また、モットーとして「英知・栄光・情熱」「良識・健康・希望」を掲げている。

緑に囲まれた豊かな学園環境

創価学園は、玉川上水のほとりの武蔵野の面影を残す恵まれた環境の中にある。小・中・高が互いに隣接しており、学校行事やクラブ活動などを通じて多くの交流の機会がある。

校内のWi-Fi環境も整備され、ICT教育もすぐれている。体育館やグラウンド、プールなどのスポーツ施設も整備され、授業やクラブ活動などで有効に活用されている。総合教育練や蛍雪図書館を中心に充実した学びの施設が完備されている。そのほか地方出身者のために、寮（中高男子・高校女子）や下宿（高校女子）も用意されている。

基礎力養成から進路別の指導に

個性や進路に応じた多様なカリキュラムが設定されており、併設の創価大学・同女子短大への推薦のほか、東大や医学系大学などの国公立・難関私立大学への進学希望者への対応も行われている。世界市民探究の授業をはじめ、グローバルに活躍するための能力を鍛え、海外大学への進学者も多い。

輝かしい実績を残すクラブ活動

人間教育の面からクラブ活動を積極的に勧めており、９割以上の生徒がクラブに所属している。運動系では、過去８回甲子園出場を果たした硬式野球部をはじめ、サッカー部など、文化系では、吹奏楽部やディベート部、箏曲部などが全国１位などの優秀な成績を収めている。

学校行事も多彩で、「英知の日・栄光の日・情熱の日」の三大行事をはじめ、各種フィールドワーク、創価大学との連携講座や行事などが学園生活に彩りを添えている。

創価大学推薦制度が充実

２年次より文系クラスと理系クラスに分かれる。併設の創価大学・同女子短大へは、在学中の評定平均と推薦試験により決定される推薦入学制度がある。東京大、お茶の水女子大、東京工業大、東京学芸大、九州大、東京都立大などの国公立大のほか、早稲田大、慶應義塾大、東京理科大、明治大などにも合格している。アメリカ創価大学をはじめ海外大学に進学する生徒も多い。

総合教育棟

国際人育成の英語教育に積極的

高校は文部科学省が設置した「スーパーグローバルハイスクール（SGH）ネットワーク」の一員として、教科教育はもとよりICTを活用した先進的な教育に取り組んでいる。中学校での「言語・探究」の学びをうけ、高校では「世界市民探究（GCIS）」を通して主体的な学びを図っている。外国人講師やオンラインによる英会話授業を積極的に行っている。卒業段階では、CEFRのＢ１レベル（英検２級以上相当）に約60％以上、Ｂ２レベル（英検準１級以上相当）に約10％の生徒が到達している。また、３年次にはドイツ語・中国語・スペイン語・フランス語・ロシア語・ハングルを選択することができ、放課後には希望者が各言語の研究会に参加し異文化理解を深めている。SUA（アメリカ創価大学）など海外大学への進学者も多く輩出している。国内外の有識者によるセミナー（オンラインも活用）を開催しグローバル人材の資質・能力を養っている。

2024年度入試要項

試験日　1/22（推薦）　2/10（一般）
試験科目　適性〈英・数〉＋面接（推薦）
国・英・数＋面接（一般）

2024年度	募集定員	受験者数	合格者数	競争率
推薦	約65	102	67	1.5
一般	約70	125	76	1.6

過去問の効果的な使い方

① **はじめに**　入学試験対策に的を絞った学習をする場合に効果的に活用したいのが「過去問」です。なぜならば，志望校別の出題傾向や出題構成，出題数などを知ることによって学習計画が立てやすくなるからです。入学試験に合格するという目的を達成するためには，各教科ともに「何を」「いつまでに」やるかを決めて計画的に学習することが必要です。目標を定めて効率よく学習を進めるために過去問を大いに活用してください。また，塾に通われていたり，家庭教師のもとで学習されていたりする場合は，それぞれのカリキュラムによって，どの段階で，どのように過去問を活用するのかが異なるので，その先生方の指示にしたがって「過去問」を活用してください。

② **目的**　過去問学習の目的は，言うまでもなく，志望校に合格することです。どのような分野の問題が出題されているか，どのレベルか，出題の数は多めか，といった概要をまず把握し，それを基に学習計画を立ててください。また，近年の出題傾向を把握することによって，入学試験に対する自分なりの感触をつかむこともできます。

過去問に取り組むことで，実際の試験をイメージすることもできます。制限時間内にどの程度までできるか，今の段階でどのくらいの得点を得られるかということも確かめられます。それによって必要な学習量も見えてきますし，過去問に取り組む体験は試験当日の緊張を和らげることにも役立つでしょう。

③ **開始時期**　過去問への取り組みは，全分野の学習に目安のつく時期，つまり，9月以降に始めるのが一般的です。しかし，全体的な傾向をつかみたい場合や，学習進度が早くて，夏前におおよその学習を終えている場合には，7月，8月頃から始めてもかまいません。もちろん，受験間際に模擬テストのつもりでやってみるのもよいでしょう。ただ，どの時期に行うにせよ，取り組むときには，集中的に徹底して取り組むようにしましょう。

④ **活用法**　各年度の入試問題を全問マスターしようと思う必要はありません。できる限り多くの問題にあたって自信をつけることは必要ですが，重要なのは，志望校に合格するためには，どの問題が解けなければいけないのかを知ることです。問題を制限時間内にやってみる。解答で答え合わせをしてみる。間違えたりできなかったりしたところについては，解説をじっくり読んでみる。そうすることによって，本校の入試問題に取り組むことが今の自分にとって適当かどうかが，はっきりします。出題傾向を研究し，合否のポイントとなる重要な部分を見極めて，入学試験に必要な力を効率よく身につけてください。

数学

各都道府県の公立高校の入学試験問題は，中学数学のすべての分野から幅広く出題されます。内容的にも，基本的・典型的なものから思考力・応用力を必要とするものまでバランスよく構成されています。私立・国立高校では，中学数学のすべての分野から出題されることには変わりはありませんが，出題形式，難易度などに差があり，また，年度によっての出題分野の偏りもあります。公立高校を含め，ほとんどの学校で，前半は広い範囲からの基本的な小問群，後半はあるテーマに沿っての数問の小問を集めた大問という形での出題となっています。

まずは，単年度の問題を制限時間内にやってみてください。その後で，解答の答え合わせ，解説での研究に時間をかけて取り組んでください。前半の小問群，後半の大問の一部を合わせて50%以上の正解が得られそうなら多年度のものにも順次挑戦してみるとよいでしょう。

英語

英語の志望校対策としては，まず志望校の出題形式をしっかり把握しておくことが重要です。英語の問題は，大きく分けて，リスニング，発音・アクセント，文法，読解，英作文の5種類に分けられます。リスニング問題の有無(出題されるならば，どのような形式で出題されるか)，発音・アクセント問題の形式，文法問題の形式(語句補充，語句整序，正誤問題など)，英作文の有無(出題されるならば，和文英訳か，条件作文か，自由作文か）など，細かく具体的につかみましょう。読解問題では，物語文，エッセイ，論理的な文章，会話文などのジャンルのほかに，文章の長さも知っておきましょう。また，読解問題でも，文法を問う問題が多いか，内容を問う問題が多く出題されるか，といった傾向をおさえておくことも重要です。志望校で出題される問題の形式に慣れておけば，本番ですんなり問題に対応することができますし，読解問題で出題される文章の内容や量をつかんでおけば，読解問題対策の勉強として，どのような読解問題を多くこなせばよいかの指針になります。

最後に，英語の入試問題では，なんと言っても読解問題でどれだけ得点できるかが最大のポイントとなります。初めて見る長い文章をすらすらと読み解くのはたいへんなことですが，そのような力を身につけるには，リスニングも含めて，総合的に英語に慣れていくことが必要です。「急がば回れ」ということわざの通り，志望校対策を進める一方で，英語という言語の基本的な学習を地道に続けることも忘れないでください。

国語

国語は，出題文の種類，解答形式をまず確認しましょう。論理的な文章と文学的な文章のどちらが中心となっているか，あるいは，どちらも同じ比重で出題されているか，韻文(和歌・短歌・俳句・詩・漢詩)は出題されているか，独立問題として古文の出題はあるか，といった，文章の種類を確認し，学習の方向性を決めましょう。また，解答形式は，記号選択のみか，記述解答はどの程度あるか，記述は書き抜き程度か，要約や説明はあるか，といった点を確認し，記述力重視の傾向にある場合は，文章力に磨きをかけることを意識するとよいでしょう。さらに，知識問題はどの程度出題されているか，語句(ことわざ・慣用句など)，文法，文学史など，特に出題頻度の高い分野はないか，といったことを確認しましょう。出題頻度の高い分野については，集中的に学習することが必要です。読解問題の出題傾向については，脱語補充問題が多い，書き抜きで解答する言い換えの問題が多い，自分の言葉で説明する問題が多い，選択肢がよく練られている，といった傾向を把握したうえで，これらを意識して取り組むと解答力を高めることができます。「漢字」「語句・文法」「文学史」「現代文の読解問題」「古文」「韻文」と，出題ジャンルを分類して取り組むとよいでしょう。毎年出題されているジャンルがあるとわかった場合は，必ず正解できる力をつけられるよう意識して取り組み，得点力を高めましょう。

出題傾向の分析と合格への対策

●出題傾向と内容

本年度の出題は，大問で6題，小問数にして20題と，例年通りである。

出題内容は，1が正負の数，平方根，連立方程式，2次方程式，角度の独立小問5題，2が平面図形の計量，3が確率，4が図形と関数・グラフの融合問題，5が平面図形の計量，6が空間図形の計量問題であった。

あらゆる分野から標準レベルの問題がバランスよく出題されている。できる問題から素早く解いていくようにしよう。

✓学習のポイント

弱点分野をつくらないようにして，教科書の例題や練習問題を確実に解ける実力を養っておこう。

●2025年度の予想と対策

来年度も本年度とほぼ同じレベルの問題が，小問数にして，20問程度出題されるだろう。

どの問題も，中学数学の基本的な知識や考え方が身についているか，そして，それを応用していく力があるかが確かめられるように工夫されて出題されると思われる。

あらゆる分野の基礎を固めておくことが大切である。数量分野では確実な計算力が要求される。関数分野では直線の式の求め方，変化の割合等について正確に理解しておこう。図形分野も定理や公式を正しく使いこなせるようにしておくこと。

▼年度別出題内容分類表 ……

出題内容			2020年	2021年	2022年	2023年	2024年
数と式	数の性質		○	○		○	○
	数・式の計算		○	○	○		○
	因数分解				○	○	
	平方根		○	○	○		○
方程式・不等式	一次方程式		○			○	○
	二次方程式		○	○			○
	不等式		○				
	方程式・不等式の応用						
関数	一次関数		○	○		○	○
	二乗に比例する関数		○	○	○	○	○
	比例関数			○			
	関数とグラフ		○	○	○	○	○
	グラフの作成						
図形	平面図形	角度	○	○	○	○	○
		合同・相似		○	○	○	○
		三平方の定理	○		○	○	○
		円の性質	○	○		○	○
	空間図形	合同・相似	○		○	○	○
		三平方の定理	○		○	○	○
		切断	○			○	○
	計量	長さ	○	○	○	○	○
		面積	○	○	○	○	○
		体積	○		○		○
	証明						
	作図						
	動点						
統計	場合の数			○	○	○	
	確率		○	○	○	○	○
	統計・標本調査						
融合問題	図形と関数・グラフ		○	○		○	○
	図形と確率						
	関数・グラフと確率				○		
	その他						
その他							

創価高等学校

出題傾向の分析と 合格への対策

●出題傾向と内容

本年度の入試では，リスニング問題4題，長文問題1題，会話文問題1題，英作文問題1題が出題された。難易度はごく標準的であり，全体の問題量も多いものではないが，長文問題は文字数が多いので，あまり時間に余裕はないかもしれない。

全体の構成からみてリスニング問題の分量が多いと言うことができる。本年度は書き取り問題が出題され，リスニング以外はいずれも長文にからむ設問になっていることが特徴的である。

どの問題も決して難しいものはないが，語彙の問題から内容把握にいたるまで，広範囲な分野から出題されている。

学習のポイント

同じような量の長文問題を数多く読み，より速く読めるようにしておくことが重要である。

●2025年度の予想と対策

来年度もほぼ同じ形式で出題されるものと考えられる。標準的なレベルの学習でいいが，広範囲にわたる能力が求められる。

リスニング問題が占める割合が多いので，CDなどでしっかり練習しておくとよい。標準的なレベルのものを数多く聞くことが有効である。

長文問題を確実に解けるよう，語彙能力を高めておきたい。また，スピードと確実さを増すために，多くの長文を読む練習を重ねておくべきである。

文法分野においては，学校で習うことをしっかり復習しておきたい。

▼年度別出題内容分類表 ……

	出題内容	2020年	2021年	2022年	2023年	2024年
話し方・聞き方	単語の発音					
	アクセント					
	くぎり・強勢・抑揚					
	聞き取り・書き取り	○	○	○	○	○
語い	単語・熟語・慣用句					
	同意語・反意語					
	同音異義語					
読解	英文和訳(記述・選択)					
	内容吟味	○	○	○	○	○
	要旨把握					
	語句解釈	○	○	○		○
	語句補充・選択	○	○	○	○	○
	段落・文整序		○			
	指示語		○			○
	会話文	○		○	○	○
文法・作文	和文英訳	○				
	語句補充・選択		○	○	○	○
	語句整序	○	○	○		○
	正誤問題					
	言い換え・書き換え					
	英問英答					
	自由・条件英作文	○	○	○	○	○
文法事項	間接疑問文			○		
	進行形					
	助動詞				○	
	付加疑問文					
	感嘆文					
	不定詞	○		○	○	○
	分詞・動名詞		○	○		○
	比較		○	○	○	
	受動態					
	現在完了					○
	前置詞	○	○			
	接続詞					
	関係代名詞		○			

創価高等学校

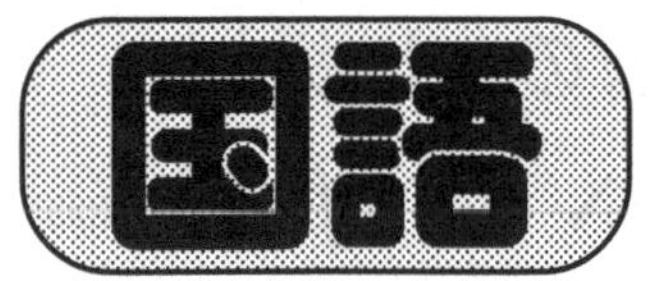

出題傾向の分析と 合格への対策

●出題傾向と内容

本年度は，現代文2題，古文1題の計3題の出題構成。現代文は小説と論説文からの出題で，ともに文脈を丁寧に追う力が試されるものが中心となっている。小説は，情景・心情を読み取る設問が中心。論説文は，内容の理解を問う問題が多く，本文全体を精読する力が問われた。古文は，『古今著聞集』からの出題で，仮名遣いのほか，内容を理解する力が問われた。漢字の書き取りは，論説文に組み込まれる形で出題された。解答形式は記号選択と記述の併用で，本年度も，自分の言葉で説明する問題が出題された。小説の内容にからめたテーマについて，自分自身のことを条件に従って100～150字以内で述べるというものであった。

学習のポイント

言い換え表現や指示内容の把握に注意して，本文を精読する力をつけよう。古文は，注釈を参照して口語訳する力をつけておこう。

●2025年度の予想と対策

現代文の読解問題2題と古文1題，という出題構成が続くと思われるが，和歌が独立して出題されることもあるので，韻文対策もしっかり講じておきたい。古文・韻文が現代文の中に組み込まれるものが出題されることもあるので，古文・韻文の基礎知識を固めておくことが必要である。

現代文の読解は，論説文のやや難しいテーマを扱った文章にもふれておきたい。小説では心情や情景を的確に読み取れるようにしておく。古文は，注釈を参照して口語訳し，大意をとらえる練習をしておこう。また，100～150字程度の作文対策として，論旨を要約する練習もしておこう。

▼年度別出題内容分類表 ……

		出題内容	2020年	2021年	2022年	2023年	2024年
内容の分類	読解	主題・表題		○			
		大意・要旨	○	○	○	○	○
		情景・心情	○	○	○	○	○
		内容吟味	○	○	○	○	○
		文脈把握	○	○	○	○	○
		段落・文章構成					○
		指示語の問題					
		接続語の問題	○	○			
		脱文・脱語補充		○	○	○	○
	漢字・語句	漢字の読み書き	○	○	○	○	○
		筆順・画数・部首					
		語句の意味	○	○	○		
		同義語・対義語					
		熟語			○		
		ことわざ・慣用句		○			○
	表現	短文作成					
		作文(自由・課題)	○	○	○	○	○
		その他					
	文法	文と文節					
		品詞・用法					
		仮名遣い	○	○	○	○	○
		敬語・その他					
	古文の口語訳		○		○	○	
	表現技法		○	○			
	文学史		○				
問題文の種類	散文	論説文・説明文	○	○	○	○	○
		記録文・報告文					
		小説・物語・伝記	○	○	○	○	○
		随筆・紀行・日記					
	韻文	詩					
		和歌(短歌)	○		○		
		俳句・川柳					
	古文			○	○	○	○
	漢文・漢詩						

創価高等学校

2024年度 合否の鍵はこの問題だ!!

数学 ２, ３, ５, ６

２・５・６　図形の定理や公式は正しく理解し使いこなせるようにしておきたい。いろいろな問題を解いておこう。

３　標準レベルの問題である。数え落としのないようにていねいに調べよう。

６(3)　立方体内部の線分を求めるときは，その線分を含む平面を取り出して考える。

◎図形分野からの出題が多いので，基礎を固めたら，過去の出題例をよく研究しておこう。時間配分を考えてできるところから解いていくことも大切である。

英語 ５

５の長文問題はやや長い長文を使ったものであり，問題数が一番多いので，この問題でしっかり得点する必要がある。リスニング問題や会話文問題では得点差がつきにくいので，この問題で大きく差をつけることができれば有利になる。

この長文で使われている語彙や文法は基本的なものになっているので，特に心配する必要はない。基礎的な単語と文法をしっかり身につけておけば苦労することはないだろう。しかし，一定量の文章を正しく読み通すには相当な量の練習が求められる。よって，日頃から長文を読みこなす練習を継続し，長い文章でも抵抗なく読めるようにしておくべきである。

設問を見ると，文章の流れを確認するもの，語彙力を試すもの，内容の読み取りを確認するもの，という構成になっている。基本的に，文章の内容を正しくつかめていれば問題なく解けるレベルである。

総合すると，普段からまず文法の練習をしっかりしおくべきである。次に，語彙力をなるべく増やすようにするとよい。最後に長文を多く読むという練習を継続するべきである。

国語 【二】 問9

★ 合否を分けるポイント

本文の内容と合っているものを選ぶ選択問題である。本文の論の流れとともに内容を把握し，選択肢の説明と丁寧に照合できているかがポイントだ。

★ 選択肢のどこが正しいか，どこが正しくないかを見極める

本文は，世界は絶え間ない運動のなかにあり，動的な自分を規定しているものには，目に見える物理的な肉体だけでなく，精神的な心や魂といった目に見えない自分も含まれ，共に動き続けて混ざり合っている→相互作用する関係にある外の世界と自分の境界線は曖昧で不可分である→空間は人間の身体があってはじめて立ち上がり，空間と身体は重なり合いながら絶え間なく変化している→自分の「内なる世界」を構築するうえで，自分と不可分な「外の世界」はものすごく大事になってくる→この外の世界は自然たる地球であり，つねに渦のようにエンドレスに循環している→そうした外の世界からの情報を得て，個々の「内なる世界」すなわち「環世界」をつくっている→自分の環世界が外の渦と接触し，上書きされていくことで，わたしたちは成長する→未知なる外の世界と触れ合う経験を通して，自分の環世界をチューニングすることで世界を包括的に見ることができ，幸せな気持ちになる→不確実な社会を生きのびるために，他者との関わりを通して，自分の価値観や哲学をつくり変え続けることで，自らの生命力を鍛錬すると，物事を俯瞰して捉えられる寛容さが自然と養われていく，という内容になっている。これらの内容から，「自分と切り離せない外の世界」から作り上げる「内なる世界」も変化し循環すると説明しているイが正解となる。他の選択肢は，アは「合気道……」以降の説明，ウの「(外の世界は)成長している」，エの「正解を知り」は本文の内容と合わないことが読み取れる。内容真偽の問題では，たとえばウ・エは，説明のごく一部だけの違いで他の説明部分は合致している場合があったり，正解であっても本文の語句を言い換えていることがあったりするので，注意深く丁寧に照合していくことが重要だ。

2024年度

★★★★★★★★★★★★★★★★★★★★★★★

入　試　問　題

2024年度

創価高等学校入試問題

【数　学】（50分）　　<満点：100点>

【注意】 定規，コンパス，分度器，電卓等を使用してはいけません。

1　次の問いに答えなさい。

(1)　$3^2-(-7)\times 2$ を計算しなさい。

(2)　$5\sqrt{12}-\dfrac{6}{\sqrt{3}}$ を計算しなさい。

(3)　連立方程式 $\begin{cases} 3x+y=5 \\ x-2y=4 \end{cases}$ を解きなさい。

(4)　2次方程式 $x^2+ax+12=0$ の1つの解が－4のとき，もう1つの解を求めなさい。

(5)　右の図で，$\ell \,/\!/\, m$ のとき，$\angle x$ の大きさを求めなさい。

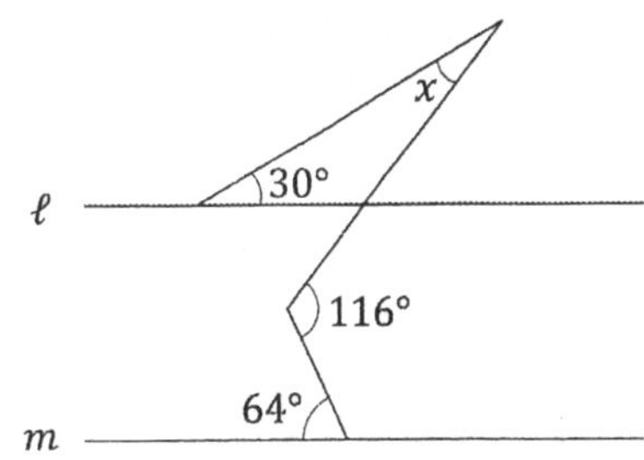

2　図のように，正方形ABCDと正方形DEFGがあり，3点A，D，Gは一直線上にある。線分ACと線分BGの交点をH，直線GEと線分ACの交点をＩ，直線GEと辺BCの交点をＪとする。AD：DG＝2：1のとき，次の問いに答えなさい。ただし，最も簡単な整数の比で表しなさい。

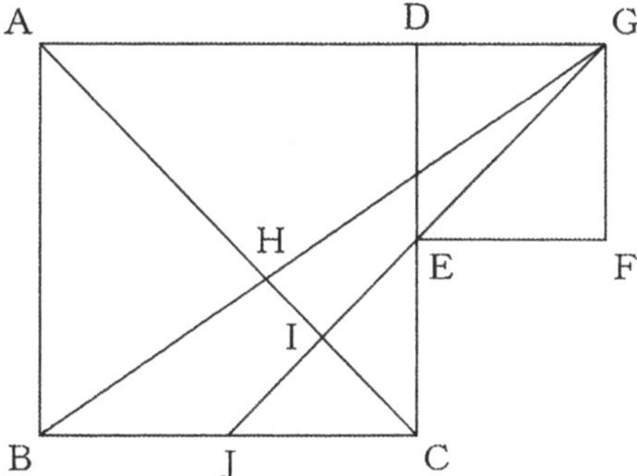

(1)　AH：HCを求めなさい。

(2)　△AIG：△CIJを求めなさい。

(3)　HI：ICを求めなさい。

3　図のように，箱Aと箱Bがある。箱Aには1，2，3，4の数字が書かれたカードが1枚ずつ，箱Bには5，6，7，8，9の数字が書かれたカードが1枚ずつ入っている。箱Aと箱Bから1枚ずつ計2枚のカードを取り出し，箱Aから取り出したカードに書かれた数をa，箱Bから取り出したカードに書かれた数をbとする。次の問いに答えなさい。

ただし，箱Aからどのカードを取り出すことも同様に確からしいものとし，箱Bからどのカードを取り出すことも同様に確からしいものとする。

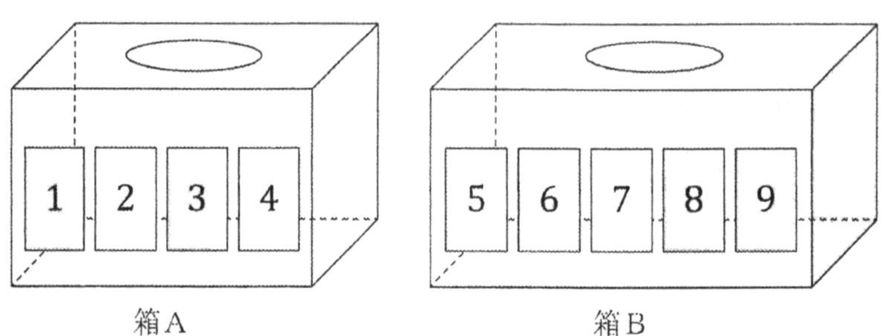

(1)　aを十の位，bを一の位とする2けたの数が3の倍数となる確率を求めなさい。

(2)　$\dfrac{5b+2}{a}$が整数となる確率を求めなさい。

(3)　$\sqrt{2ab}$が整数となる確率を求めなさい。

4　図のように，点A（-4，4）を通る関数$y=ax^2$のグラフ上に，x座標が6である点Bとx座標が2である点Cがある。2点A，Bを通る直線ℓをひき，直線ℓとy軸との交点をDとする。次の問いに答えなさい。

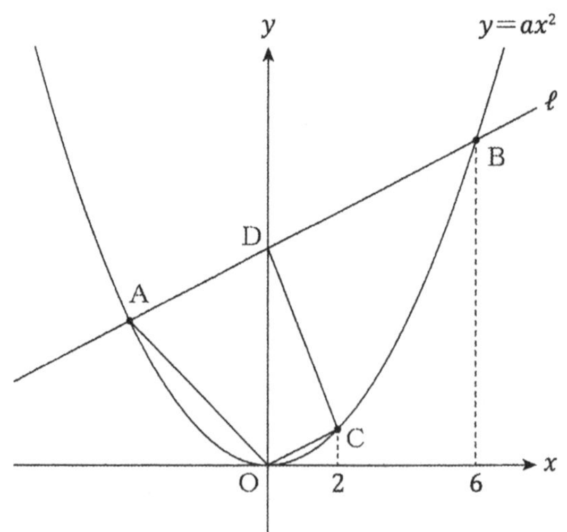

(1)　aの値を求めなさい。

(2)　直線ℓの式を求めなさい。

(3)　四角形OCDAの面積を求めなさい。

5　図のように，円Oと正三角形ABCが5点C，D，E，F，Gで交わっている。線分CEは円Oの直径であり，BE＝DE＝2である。次の問いに答えなさい。

(1)　∠CDEの大きさを求めなさい。

(2)　△ABCの面積を求めなさい。

(3)　線分DGの長さを求めなさい。

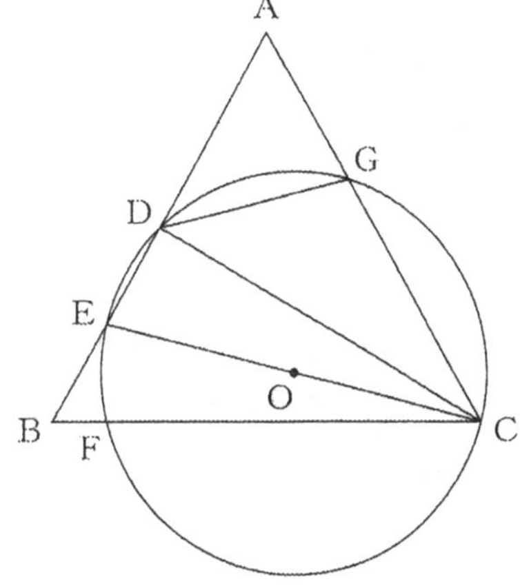

6　図のように，1辺の長さが6の立方体ABCD－EFGHがある。この立方体の辺ABの中点をM，辺ADの中点をNとし，線分MNの中点をIとする。3点E，M，Nを通る平面でこの立方体を切りとったとき，次の問いに答えなさい。

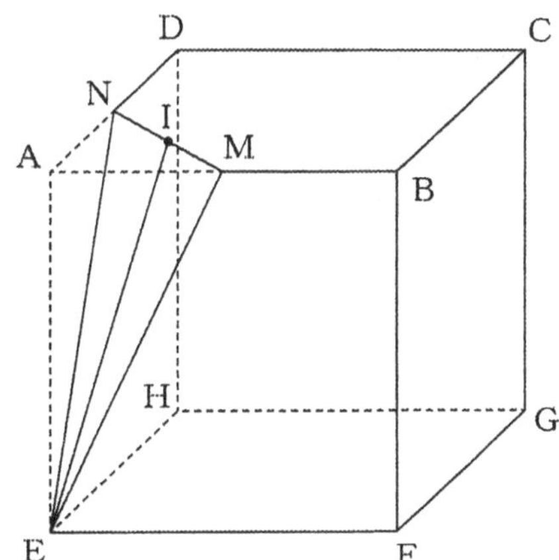

(1)　頂点Cを含む方の立体の体積を求めなさい。

(2)　線分EIの長さを求めなさい。

(3)　線分EI上に∠EPG＝90°となるような点Pをとる。線分GPの長さを求めなさい。

【英　語】（50分）　＜満点：100点＞　　**※リスニングテストの音声は弊社HPにアクセスの上，音声データをダウンロードしてご利用ください。**

【放送問題】

放送問題は[1]～[4]です。[1] [2] [3]の英文は1回しか放送されません。
放送中にメモをとってもかまいません。

[1] 明日のボランティア活動について先生の指示が放送されます。下のスライドはその要点をまとめたものです。放送を聞き，（①）～（④）に入る英語1語を書きなさい。ただし（②）は数字で書いてもかまいません。

スライド

Let's (　①　) **the beach!**

Time: at (　②　)

Place: at the (　③　) gate

Things to bring:

- a towel
- something to (　④　)

[2] 表に関する短い英文が放送されます。それぞれの内容を表しているものを選び，記号で答えなさい。

(1) A.

タクの今週の予定

月	バスケットボール部練習
火	
水	バスケットボール部練習
木	バスケットボール部練習
金	バスケットボール部練習
土	バスケットボール部練習
日	バスケットボール部練習

B.

タクの今週の予定

月	バスケットボール部練習
火	バスケットボール部練習
水	
木	バスケットボール部練習
金	バスケットボール部練習
土	バスケットボール部練習
日	バスケットボール部練習

C.

タクの今週の予定

月	バスケットボール部練習
火	バスケットボール部練習
水	バスケットボール部練習
木	
金	バスケットボール部練習
土	バスケットボール部練習
日	バスケットボール部練習

D.

タクの今週の予定

月	バスケットボール部練習
火	バスケットボール部練習
水	バスケットボール部練習
木	バスケットボール部練習
金	
土	バスケットボール部練習
日	バスケットボール部練習

(2) A.

1月の回収予定

15日	燃えるごみ
16日	
17日	ペットボトル
18日	
19日	古紙

B.

1月の回収予定

15日	
16日	燃えるごみ
17日	
18日	古紙
19日	ペットボトル

C.

1月の回収予定

15日	古紙
16日	ペットボトル
17日	
18日	燃えるごみ
19日	

D.

1月の回収予定

15日	ペットボトル
16日	
17日	燃えるごみ
18日	
19日	古紙

(3) A.

ふれあいフェスティバル

日：3月16日(土) 場所：中央公園
10:30 ～13:00 フリーマーケット
10:00 ～13:00 コンサート

B.

ふれあいフェスティバル

日：3月16日(土) 場所：中央公園
10:30 ～12:00 フリーマーケット
13:00 ～15:00 コンサート

C.

ふれあいフェスティバル

日：3月16日(土) 場所：中央公園
10:30 ～12:00 フリーマーケット
15:00 ～17:00 コンサート

D.

ふれあいフェスティバル

日：3月16日(土) 場所：中央公園
10:30 ～13:00 フリーマーケット
13:00 ～17:00 コンサート

3 2人の会話と，その内容についての質問が放送されます。それぞれの質問の答えとして適切なものを選び，記号で答えなさい。

Question 1

A．Takuya's favorite subject
B．Takuya's experiences in the U.K.
C．The differences between America and the U.K.
D．How to make a good speech in English

Question 2

A．American football　B．Basketball　C．Baseball　D．Soccer

Question 3

A．Fast food is very popular.
B．The amount of food is often larger.
C．Many people drink coffee every day.
D．People often drink tea with sandwiches.

4 英文を聞き，要点を日本語でまとめる問題です。英文は2回放送されます。以下のメモを見ながら聞き，下線部に適切な日本語を入れなさい。

メモ

調査結果によると、イヌを飼う子どもは、

・＿＿＿＿＿＿＿＿＿＿＿＿＿＿＿＿

・＿＿＿＿＿＿＿＿＿＿＿＿＿＿＿＿

5 次の英文を読み，あとの問いに答えなさい。

Do you know the Nobel Prize? It reflects the hope of Alfred Nobel. Why did he create the prize?

Alfred was born in *Stockholm in *Sweden, and he had a difficult childhood. When he was little, [I]. His father worked abroad alone and his brothers also worked to make money for the family. However, Alfred could not do (2) <u>that</u>. He was physically weak. He always stayed home and read books. His mother encouraged him to study hard without worrying.

When Alfred was nine years old, his father succeeded in business, and [II]. All of his family could live together again. Alfred started to study at home with his home teachers. He studied very hard. He especially studied science and languages. He spoke several languages (3-1). He also loved poetry, so he wanted to be a poet.

Alfred's father wanted him to be an engineer. So he gave up being a poet and went abroad. He studied science and new technology in various countries. Some years later, [III] and began working as an assistant in his father's factory.

At that time, Alfred was interested in *nitroglycerin. It was dangerous and difficult to *handle this *substance. He knew that, but he thought of using its great power for *dynamite. At the same time, he wanted to use the power of dynamite for people. In fact, he found ways to handle nitroglycerin (3-2) and was able to make dynamite.

Alfred's (4) <u>invention</u> was a great success. By using dynamite, people could make tunnels through mountains easily. Also, dynamite made *mining coal easier. Dynamite had a good effect on industry.

He also believed that people would be afraid of the power of dynamite and would not start wars. However, a lot of dynamite was actually used in wars and would not start wars. However, a lot of dynamite was actually used in wars and [IV]. He got so much money from dynamite, and people called him "the *merchant of death." He was shocked. He didn't want money. So he thought of using his money to bring peace to the world.

Alfred wished for a world without war. He hoped that he would give the prize and money to people who worked for the development of the world. In 1895, the Nobel Prize was established. The next year, he passed away. In 1901, the first Nobel Prize *Award Ceremony was held in Stockholm.

注）Stockholm　ストックホルム（地名）　Sweden　スウェーデン（国名）
nitroglycerin　ニトログリセリン　handle　～を取り扱う　substance　物質
dynamite　ダイナマイト　mining coal　石炭の採掘　merchant　商人
award ceremony　授賞式

問１　Ⅰ ～ Ⅳ に入るものを選び，記号で答えなさい。

Ａ．many people died　　Ｂ．his family was poor

Ｃ．his family became rich　　Ｄ．he decided to help his father

問２　下線部(2) that は具体的にどのようなことを表しますか。日本語で書きなさい。

問３　（３－１）（３－２）に入る語として適切なものを選び，それぞれ記号で答えなさい。

Ａ．early　　Ｂ．fluently　　Ｃ．quietly　　Ｄ．safely

問４　下線部(4) invention の本文中の意味として最も適切なものを選び，記号で答えなさい。

Ａ．招待　　Ｂ．計画　　Ｃ．発明　　Ｄ．工事

問５　次の問いに対する答えとなるよう，（　）内に４語以上の英語を書きなさい。

What did Alfred want to use his money for?

— He wanted to use his money for (　　　　　　　　　　).

問６　(1)から(5)の英文が，本文の内容と合っていれば○を，合っていなければ×を書きなさい。

(1) Alfred studied science and languages hard with his home teachers.

(2) Alfred loved poems, so his father wanted him to be a poet.

(3) Alfred didn't know nitroglycerin was dangerous to handle.

(4) Alfred hoped his invention would be used for a lot of wars in the world.

(5) Alfred died before the first Nobel Prize Award Ceremony was held.

6　Yuto と彼の家にホームステイ中の Tom の対話文です。次のページのウェブサイトを参考に，あとの問いに答えなさい。

Yuto: Tom, would you like to go to Hibari Zoo next Saturday?

Tom: Sounds nice. I like animals very much.

Yuto: Good. Let's make a plan. Here is the English website of Hibari Zoo.

Tom: Hmm..., there are five special events. Look here. They have events with elephants, kangaroos, lions ..., oh, I want to play with the baby monkeys!

Yuto: Me, too! I think monkeys are active in the morning, so let's go to the morning session.

Tom: I see. How about other events? Oh, look. We can feed two kinds of animals.

Yuto: Wow, nice. But wait. One of the feeding events is not held on Saturdays.

Tom: That's true. Then, let's join the other one in the afternoon session.

Yuto: OK. Oh, "Playing Park" starts at 11:00, so we can join it between the two events.

Tom: Sounds good. And we can have lunch after that, right?

Yuto: Yes.

Tom: I see. In the afternoon, why don't we look at other animals after the feeding event?

Yuto: Of course! I hear we can see *nihon kamoshika* at this zoo. I want to see it.

Tom: *Nihon kamoshika*? (1)【 never / about / have / it / heard / I 】 before.

Yuto: It looks like a *goat or a deer. It's an animal that lives only in Japan.

Tom: Interesting. By the way, how shall we go to the zoo?

Yuto: We'll take a train to Wakaba Station. It takes twenty-five minutes from my house.

Tom: I see.

Yuto: From Wakaba Station, we can go to the zoo by bus. Look here. There are two bus routes.

Tom: The No.10 bus is better, right? If we take the No.15 bus, we'll have to walk to the zoo after getting off at Momiji'dai.

Yuto: You're right. Oh, now I remember. My mother says that the No.10 bus is very crowded on weekends. Maybe we should not take this route.

Tom: All right. Let's use the other route. We have to buy tickets for the special events, so we should arrive at the zoo ten minutes before the opening time.

Yuto: How about leaving home at [(2)]?

Tom: OK. I can't wait!

注）goat　ヤギ

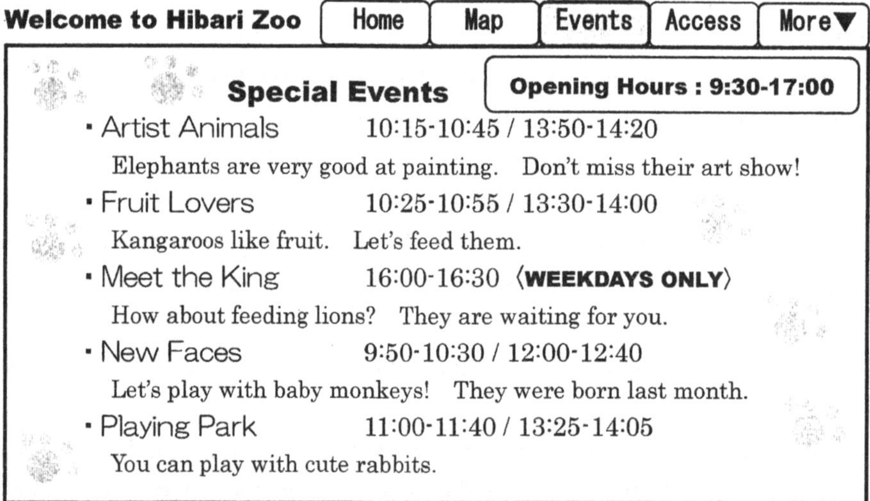

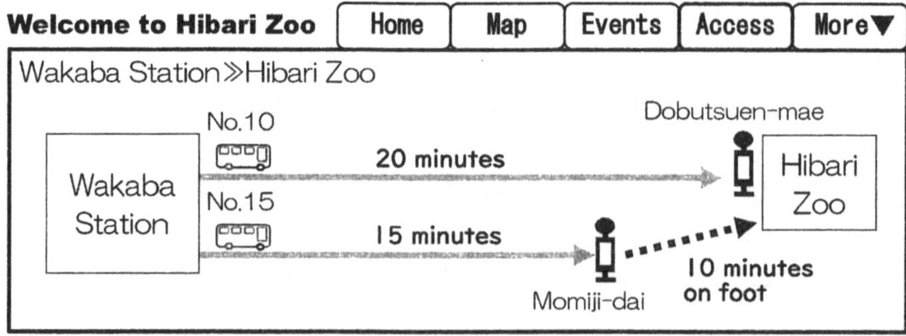

問１　下線部(1)の意味が通るように【　】内の語を並べ替えて書きなさい。

問２　Yuto と Tom の動物園での予定を下のように示すとき，①～④に入る動物を１つずつ選び，記号で答えなさい。

（ ① ）→（ ② ）→ **lunch** →（ ③ ）→（ ④ ）

Ａ．elephants　　Ｂ．kangaroos　　Ｃ．lions
Ｄ．baby monkeys　　Ｅ．rabbits　　Ｆ．*nihon kamoshika*

問３　本文の (2) に入る時刻として最も適切なものを１つ選び，記号で答えなさい。

Ａ．8：30　　Ｂ．8：45　　Ｃ．9：00　　Ｄ．9：20

7　高校生になったらやりたいこと，高校生活で楽しみにしていることは何ですか。その理由や具体的なことを含め，３～４文の英語で書きなさい。

「われ畜生の身をうけて（けだものの生をうけて）※3出離の期を知らず。たまたま※4二の宮の御前に参りて、すでに得脱すべかりつるを（まさに抜け出せるはずのところを、）、上人よしなきあはれみをなし給ひで、また重苦の身となりて出離の縁を失ひ侍りぬる、かなしきかなや、かなしきかなや」といふと見て、夢さめにけり。②上人涕泣し給ふこと限りなかりけり。放生の功徳もことによるべきにこそ。

（『古今著聞集』）

〈注〉※1　上人……高僧。
※2　ゆゆしき……すばらしい。
※3　出離の期……はまぐりの身から抜け出せる時期。
※4　二の宮の御前に参りて……「二の宮」は伊勢・皇大神宮の支宮の一つとされる。ここでは、二の宮で開かれる市で売られ、人に買われることを指している。

問1　‖線部a～cの語句を、漢字の読みも含めてすべてひらがな・現代仮名づかいに直しなさい。

問2　――線部①「海に入れられにけり」について、次の問いに答えなさい。

(1)　海に投げ入れたのは何ですか。本文中から最も適切な一語を抜き出しなさい。

(2)　海に投げ入れたものは、誰がどのようにして手に入れたものですか。簡潔に説明しなさい。

問3　A　にあてはまる適切な言葉を、本文中から二字で抜き出しなさい。

問4　□で囲まれた部分の内容を説明した文として最も適切なものを、次の選択肢の中から一つ選び、記号で答えなさい。

ア．はまぐりが春豪房のくだらない親切のせいで不幸な身の上に落とされたと怒っている。
イ．はまぐりが春豪房のすばらしい配慮のおかげで苦しい身の上から逃れられたと喜んでいる。
ウ．はまぐりが春豪房のつまらない同情によって貴重な機会を失ったことを悲しんでいる。
エ．はまぐりが春豪房のありがたい行いにより来世では幸せな身に生まれることを期待している。

問5　――線部②「上人涕泣し給ふこと限りなかりけり」とありますが、なぜ泣いたのですか。次の選択肢の中から適切なものを一つ選び、記号で答えなさい。

ア．良かれと思ってした行為が自己満足で、相手の妨げとなったことを知り衝撃を受けたから。
イ．弱い立場の者たちをいじめたことで自業自得となり、自分も幸せにはなれなかったから。
ウ．善行を重ねたにもかかわらず報われることがなく、不運な状況から逃れられなかったから。
エ．高価なものを泣く泣く手放したのに、結局は誰の得にもならず、損をしてしまったから。

問6　本文中には、一文だけ語り手（作者）の感想を述べた文があります。その一文を探して初めの五字を抜き出しなさい。

ア．空間とはもともと無条件、かつ物理的に、人間のまわりに当然存在するものであるから。
イ．空間とは人間の思考や身体があってはじめて立ち上がる、身体とは不可分なものだから。
ウ．空間とは人間の肉体、皮膚や衣服、まわりの空気などの皮膜からできているものだから。
エ．空間とはあくまで人間が知覚することで捉えられる幻想であり、現実には存在しないから。

問5 D にあてはまる言葉として、次の選択肢の中から適切なものを一つ選び、記号で答えなさい。

ア．広大無辺　イ．支離滅裂　ウ．渾然（こんぜん）一体　エ．一心同体

問6 E にあてはまる適切な言葉を、本文中から漢字二字で抜き出しなさい。

問7 ――線部c「自分なりの地図」とは何ですか。本文中から十六字で抜き出しなさい。

問8 ――線部d「不確実な社会を生きのびる」ことについて次のようにまとめました。次の文の 1 ～ 3 にあてはまる言葉を、それぞれの条件に従って答えなさい。

> 不確実な社会の波に流されないためには、1 十一字抜き出し を脱却し、自らの想像力を拡張することが必要だ。そのためには、日々の生活のなかで自分の想像の埒外の世界に触れることで 2 十三字抜き出し が効果的である。そうしたなかで、3 十九字抜き出し ことによって、自らの生命力は鍛えられていくのである。

問9 本文の内容と合っているものはどれですか。次の選択肢の中から適切なものを一つ選び、記号で答えなさい。

ア．外の世界と自分との境界線は曖昧なものであり、絶え間なく動き続けているため、合気道をしているときはより「自分」の範囲が狭く感じられる。
イ．人間は自分と切り離せない外の世界と日々対話しながら、自分の「内なる世界」を作り上げるが、「内なる世界」もまた刻々と変化し循環している。
ウ．地球や自然だけではなく、目に見えない霊的なものや他人に至るまで、自分を含めた壮大な外の世界はいつも終わりなく循環し、成長している。
エ．外の渦と関わることで既存の価値観が揺さぶられたり、内なる世界が変化したりすることで、人間は正解を知り、強い精神力を身につけられる。

【三】 次の文章を読んで、後の問いに答えなさい。

東大寺の上人春豪房（※1 しゃうにんしゅんがうばう）、伊勢（いせ）の海いちしの浦にて、海人（あま）はまぐりをとりけるを見給（たま）ひて、a あはれみをなして、みな買ひとりて①海に入れられにけり。※2 ゆゆしき A つくりぬと思ひて臥（ふ）し給ひたる夜の夢に、はまぐりb おほくあつまりて、うれへてc 云（い）ふやう、

わたしたちのなかの世界も同様にゆらぎのなかで循環している。わたしたちが学びによって変容していくのは、自分の環世界が外の渦と接触し、その都度自己の価値観が揺さぶられた結果なのである。この環世界が上書きされていくことで、わたしたちは学び、成長（進化）するサイクルに入ることができる。

それをもっとも効果的にするには、日々の生活のなかで人間ならざるものや、自分の理解を超えたもの、わかり合えない他者と触れ合うことで、予想もしない刺激を得ることだ。自らの想像力を拡張するためには、想像の埒外（らちがい）※1の世界に手を伸ばすほかない。

未知なる外の世界と遭遇し、触れ合う経験を通して、「c自分なりの地図」としての環世界をひたすらチューニング※2し続けること。ここに「自分が変わり続ける」という学びの本性があり、自らの環世界の解像度が上がっていくことで世界を包括的に見ることができて、どんどん幸せな気持ちになる。

世界の見方を磨いていくと、それはd不確実な社会を生きのびるための武器になる。

無批判な思考停止の状態では、社会の波にただ飲まれて、つい流されてしまう。そうではなくて、自分で考え、自分をつくり変え続けていくことで、自らの生命力を鍛錬したい。逞（たくま）しくしぶといフィジカル※3をつくるのだ。

すると、自分と他者をあまり④ヒカク考量※4しなくなり、物事を俯瞰（ふかん）※5して捉えられるような寛容さが自然と養われていく。自分の価値観や哲学を柔軟に⑤コウシンするきっかけは、いつだって自分の外部にあり、圧倒的他者との関わりが大切なのだ。

（光嶋（こうしま）裕介（ゆうすけ）『つくるをひらく』）

〈注〉
※1　埒外……一定の範囲の外。
※2　チューニング……調整する。
※3　フィジカル……身体面。肉体。
※4　考量……物事を考え合わせて判断する。
※5　俯瞰……広い視野で物事を見たり考えたりする。

問1　══線部について、①②は漢字をひらがなに、③④⑤はカタカナを漢字に、それぞれ直しなさい。

問2　[A]、[B]、[C]にあてはまる言葉の組み合わせとして適切なものを、次の選択肢の中から一つ選び、記号で答えなさい。

ア．A　空間　B　自分　C　身体
イ．A　自分　B　身体　C　自分
ウ．A　身体　B　空間　C　空間
エ．A　空間　B　身体　C　身体

問3　——線部a「外の世界」とありますが、どういうものですか。次の選択肢の中から適切なものを一つ選び、記号で答えなさい。

ア．絶え間ない運動のなかにあって、生命的であるが安定感のある地球。
イ．目に見えない霊的なものだけでつくられる、永遠に循環する世界。
ウ．つねに変化し流れ続け、正解や意味を持たないありのままの自然。
エ．人間には支配することができない、渦のように循環する壮大な世界。

問4　——線部b「空間だって、そもそもそこに人間が入ることではじめて発生する」とありますが、筆者がこのように述べるのはなぜですか。後の選択肢の中から適切なものを一つ選び、記号で答えなさい。

こうして相互作用する関係にあるa外の世界と自分の境界線を無理に引こうとすると、どうしても曖昧なものになり、どんどんわからなくなっていく。皮膚がわたしの肉体にとって一番外側の境界線なのか、それとも洋服だって自分の一部なのだろうかと。

合気道のお稽古をしているときに内田（うちだ）先生は「道場では、自分の場所を②主宰しなさい。お稽古をするときは、半径二メートルほどの見えない円錐（えんすい）の中心に自分がいることをイメージするように」と、言うことがある。このときのわたしにとっての「自分」という境界線は、肉体としての身体、外周を覆っている皮膚や着ている道着よりもさらに外にあるように感じられるから不思議なものだ。身体のまわりの空間と自分が不可分になり、そうした［A］を含めたもっと大きくて未分化なものを全体としたより包括的なものを「［B］」と認識するようになる。

では、「空間」のほうは、どうなのか。

b空間だって、そもそもそこに人間が入ることではじめて発生すると考えられないだろうか。空間というものは、あらかじめ無条件に物理的に存在するのではなく、概念として人間のなかで想起するものである。いかなる空間も、知覚するのは、いつだって人間なのだから。

つまり、人間の生命の器としての身体があって、はじめて空間というものがそれぞれに立ち上がる。そのためには、わたしたちの身体も、まわりの空気などを皮膜とした薄い空間を含めて、自分の身体を拡張するように、空間と絶え間なく交流していると捉えるほうがよほど自然に思えてくる。

［C］は、真空状態にポツンと独立して存在するのではなく、つねにまわりの空間と一緒に存在しているという仮説を立ててみたい。

「空間」と「身体」は、ミルクティーとタピオカみたいに別々のものが混ざっているのではなく、水と氷のように互いに同じものが［D］となって混ざり合っている状態のように解釈してみると、空間と身体は、決してスパッと切り分けられるものではない。互いに重なり合いながら、絶え間なく動いて（変化して）いるのである。

そうした大きな意味での自分（氷）が置かれている環境（水）を仮に「外の世界」だとすると、いかにしてわたしたちが自分と不可分な外の世界を見て、感じて、なにを交換しているのかが、自分の「内なる世界」を③コウチクするうえでものすごく大事になってくる。

この外の世界を、「自然」と言い換えても良い。

自然とは地球であり、わたしたち人間には制御できないものである。たいせつなことは、つねに地球は、変化し続ける、不安定なものであるということだ。いつだって動いているということは、渦のようにエンドレスに循環していることを意味する。

他人はもちろんのこと、地球の大地や、野生の自然、見えない霊的なものも含めた自分ではない壮大な外部は、いつも大きな渦のように循環している。わたしたちはそうした外の世界から絶えず情報を得て、自分たちの「内なる世界」というものを日々対話しながらつくっている。

その［E］を採り込む「窓」こそ、一人ひとりの身体感覚なのだ。個々に立ち上がるこの「内なる世界」のことを、エストニア出身の生物学者フォン・ユクスキュルは、「環世界」と名づけた。環世界は、個々人の「外の世界」の認識の総体であり、それぞれ固有なものである。

そんな環世界には、正解も、絶対的な意味もない。つねに漂う流れのようなものだけがある。

問3　――線部**d**「淳志はピカピカに光ったランドセルにそっと手を伸ばす」とありますが、この一文から始まるでっかい本にまつわる回想場面はどこまでですか。その場所を本文中から探し、回想場面の終わりの**直後の一文の最初の五字**を抜き出しなさい。

問4　[A]・[B] にあてはまる体の一部を表す漢字一字を、それぞれ答えなさい。

問5　――線部**e**「使わせてやってもいい」と書かれた紙を見つけたとき、淳志はどのような思い違いに気づきましたか。次の[　　]にあてはまる形で、簡潔に説明しなさい。

昔、淳志の机の上に兄の辞書が置いてあったのは、[　　　　]ということ。

問6　この文章の表現の特徴として適切なものを、次の選択肢の中から**すべて選び**、記号で答えなさい。

ア．物語の大半は淳志の目線で語られるが、一部は孝志の立場から描かれた複雑な組み立てになっている。

イ．現在の淳志の心の中の描写が中心だが、過去の家族の会話を中心とした場面がはさみ込まれている。

ウ．擬音語や擬態語を用いることで、子どもの生き生きとした言動や豊かな感受性を表現している。

エ．淳志の兄に対する愛憎が混じり合った複雑な思いを方言やたとえの表現を多用することで強調している。

オ．詳細で現実味のある兄の部屋の描写に、無意識に希望を感じている淳志の心理が投影されている。

問7　この作品のタイトルは『でっかい本』ですが、「でっかい本」は孝志と淳志にとってどのような存在ですか。それを説明した次の文の [1] 〜 [4] にあてはまる言葉を、それぞれの条件に従って答えなさい。

> 孝志がでっかい本を [1　**十字抜き出し**] ことから、孝志にとっては思い入れのある品であり、淳志にとっては、[2　**九字抜き出し**] ことを信じ、[3　**五字以内**] と思っていた [4　**五字以内**] 行為に向かわせるきっかけとなったもの。

問8　あなたにとっての宝物とは何ですか。あなたの考えを、次の条件1〜4に従ってその理由・根拠もつけて答えなさい。ただし宝物は、必ずしも物でなくてもよいです。経験や人物等でもかまいません。

[条件]

1．一文目に「あなたにとっての宝物」について簡潔に書き、二文目以降に理由や具体例を書くこと。
2．一マス目から書き出すこと。
3．常体（だ、である調）で書くこと。
4．字数を一〇〇字以上一五〇字以内にすること。

【二】　次の文章を読んで、後の問いに答えなさい。

世界は絶え間ない運動のなかにある。

この動き続ける世界という見方にこそ、生命的であることの本質が現れる。動的な自分というものを規定しているものには、物理的な肉体だけではなく、精神的な心や①魂といった目には見えないものも含まれている。この目に見える自分と見えない自分は、共に動き続けて混ざり合っている。

あの憎まれ口を聞けるのかということ。その時、一つの文字に淳志の手が止まった。

「奇跡」

ふと兄の声が耳元で聞こえた気がした。以前、兄がモンセラット[※3]という場所について話をしてくれたことがある。そこの教会にある黒いマリア像、彼女に祈りを捧げるためにスペイン全土から信者たちがやってくるそうだ。病気を患った人、家族を失った人、様々な苦しみを抱えた人々がそこを訪れては救いを求めるという。淳志はその話を聞いた時、

「そんなことしても意味なくない？」

と首を傾げたのだが兄は大袈裟にため息をついて「本当、バカだなお前は」と首をふった。

「意味があるとかじゃなくて、信じるかどうかだろ？

スペイン人ってさ、俺が思うに世界一奇跡が好きな人間たちなんだよ」

その時の兄の言葉がぐるぐると淳志の頭の中をかけめぐっていく。信じるかどうか……。

淳志はゆっくりと辞書を閉じた。そしてケースに戻そうとしたその時、奥にくしゃくしゃになった紙があるのを見つけた。手をケースの奥に忍ばせる。何かの予感に淳志の心臓の鼓動が速まった。くしゃくしゃになった紙をそっと開いてみる。

書いてある文字がぼやけて見えた。淳志は親指の腹で涙を拭った。そこには幼い兄の字で

「ｅ使わせてやってもいい」

と書かれていた。

「なんだよ」

淳志はくしゃくしゃになった紙を両手で包み込み、まるで黒いマリア像に祈りを捧げるかのようにそれを胸元へと引き寄せた。

（西山　繭子『でっかい本』）

〈注〉　※１　Ｎの文字～ついている……スペイン語の文字「Ñ」のことで、スペイン語のアルファベットの一つ。

※２　フリット……洋風の天ぷら。フリッター。

※３　モンセラット……スペイン・バルセロナ郊外にある山。

問１　――線部ａ「淳志は部屋の中を見渡した」とありますが、このときの淳志の心情として最も適切なものを、次の選択肢の中から一つ選び、記号で答えなさい。

ア．いつもと変わらない部屋の様子に、兄は必ず目を覚まして部屋に戻って来るという確信が生まれ、気持ちが落ち着いている。

イ．先程まで兄がいたような部屋で兄の気配を感じることで、現実を受け止めきれずにいる自分を少しでも慰めようとしている。

ウ．ベッドの抜け殻のような布団を見たことで、兄が戻ってきたときのために部屋を触らないでおこうと使命感にかられている。

エ．冬の光が差し込む思いのほか明るい部屋やいつもと変わらない乱雑な部屋の様子に、自然と前向きな気持ちになっている。

オ．兄らしい雑多な部屋の様子に複雑な思いが込み上げ、兄を失おうとしている事実を受け止めきれず悲しみが押し寄せている。

問２　――線部ｂ「この三日間、兄は眠ったままだ」とありますが、このような現状において、――線部ｃ「悲嘆する両親」に対して、淳志はどのように接し、心の中ではどのような気持ちでしたか。簡潔に述べなさい。

「なんだー？　なんだー？」

孝志が歌うように言いながら包装紙に手をかけた。ビリビリと包装紙をはがす孝志。淳志は自分だったら、セロハンテープだって綺麗にはがすのになと、もどかしい気持ちでその様子を見る。包装紙の中からプレゼントがあっという間に顔を出した。

「うわー、でっかい本！」

隣で **B** を丸くして頷く淳志。そんな二人を見て大人たちは愛おしい笑い声をあげた。

「それは本じゃなくて辞書って言うんだよ」

「ジショ？」

祖父の口から出た初めて聞く単語に二人は首を傾げた。

「知りたいことは何でもこれに書いてあるんだ。これでいっぱい勉強するんだよ」

「すごーい！」

孝志が辞書を頭上に持ち上げた。そんな魔法のような本があるのかと、淳志には蛍光灯の光に輝く辞書がとても眩しいものに見えた。

「孝志、何か調べてみたら？」

母親の言葉に孝志は「うーん」と真剣な顔つきで辞書を胸に抱えた。

そして、

「イカ」

と答え、みんなを笑わせた。

一年後、淳志は自分も辞書をもらえるものとばかり思っていたのだが、大人たちの「同じ辞書が二冊あってもねえ」という声に、結局自分だけの辞書を手に入れることはできなかった。

「お前、弟に生まれてかわいそうだなー」

辞書を胸に抱きながら孝志がきひひと笑った。

「使いたい時は俺にお願いしますって言わなきゃダメなんだぞ」

淳志は何も言わずにぷいと横を向いた。兄はそんな弟の肩を「生意気だ」と小突いた。

いつのことだっただろうか、淳志の机の上に例の辞書が置いてあったことがあった。兄が置き忘れたのだろうと、勝手に使ったらまた怒られると思った淳志は、それをそっと兄の机の上に戻した。その辞書にはそれ以来触れていない。淳志は高学年になった時、母親に自分だけの辞書を買ってもらった。それは兄のとは違い、でっかくない大人びたものだった。

淳志は本棚の辞書に手を伸ばした。長い間、そこに置かれたままのケースの上には埃が層を作っていた。淳志は埃が舞い散らぬよう、ゆっくりとケースから辞書を引き出す。あの時、兄が初めて調べたイカのページをめくる。初めて調べた言葉がイカだなんて、どんな兄貴だと、淳志はくすりと笑った。小学生向けの辞書には挿し絵が書いてある。そういえば兄はスペインで食べるイカのフリット[※2]が最高だと言っていた。淳志が日本のイカフライと一緒だろと言っても、何かが決定的に違うんだと言っていた。その兄はもう一度スペインでそれを味わうことができるのだろうか。未だベッドで眠る兄の顔を思い浮かべながら、淳志はぱらぱらとページをめくっていく。古い紙の匂いが鼻先をくすぐる。

あの時、祖父が言っていた言葉が頭をよぎる。

「知りたいことは何でもこれに書いてあるんだ」

自分が今、知りたいこと。それは兄とまた話ができるのか、もう一度

知っている。でも初めてそれを見た時、兄はそれを「でっかい本」だと言った。その横で淳志も頷いた。
d淳志はピカピカに光ったランドセルにそっと手を伸ばす。その瞬間、孝志に腕をぐいっと掴まれた。
「アツはまだ幼稚園だから触っちゃダメなんだぞ！」
孝志の手を振り払おうと応戦するが、一年三ヶ月の違いは大きい。淳志はさらに腕を捻られ、顔を真っ赤にしながら「離してよお」と泣きべそをかいた。
「二人ともやめなさい」
台所で夕飯の支度をする母親の声が居間に飛んでくる。淳志は心の中でどうして「二人とも」になるんだよと思いながらも、兄のさらなる制裁が怖くてぐっと言葉をのみこんだ。
「これは小学生しか使っちゃいけないんだからな。アツはあと一年ガマンしなきゃいけないのー」
孝志はベーっと舌を出すと、宝物を扱うようにランドセルを手に取り、それを背負った。淳志は、あと一年とはどれぐらいのことだろうと頭を捻る。床に転がったパトカーのおもちゃが目に入った。これをもらったのがこの前の誕生日で、自分の誕生日は九月だから……えーっと。
「そろそろ、おじいちゃんとおばあちゃんが来るから、おもちゃも片づけなさい」
母親の声とともに揚げ物の香ばしい香りが居間に広がった。
「お母さん、イカもある？」
孝志がランドセルを背負ったまま台所にとことこと歩いていった。大人が見たら、ランドセルに足が生えた生き物のようにうつるその姿を、淳志は羨望のまなざしで見つめた。母親の横で孝志がくるりと振り返る。そしてジェスチャーで「早く片づけろ」と弟に指令を送る。淳志はぷうっと頬を膨らませた。
祖父母と両親、そして淳志と孝志が食卓を囲む。
「タっくんももう小学生かあ。お兄ちゃんになったなあ」
祖父が目を細める。
「俺、前からお兄ちゃんだよ」
孝志の言葉に祖父母と父が笑う。母親は姑の前だからだろうか、「ほら、肘をつかない」などといつもより厳しく二人の息子を正した。
「お兄ちゃんになったタっくんに、おじいちゃんとおばあちゃんからプレゼントだ」
「やったー！」
孝志が箸を持った手を高々とあげた。「こらっ」と言った母親をちらりと祖母が見る。
「重いけどタっくんに持てるかなー？」
祖父が孝志の前に包装紙に包まれた四角い箱のようなものを差し出す。
「大丈夫だよ！」
そう言ってまっすぐに手を伸ばした孝志に祖父は「よいしょっ」とその箱を手渡した。想像以上の重さに孝志は「わっ」と声をあげて体勢を整えた。羨ましそうに［A］を尖らす淳志を見て、祖父は
「アっくんは来年な」
と淳志の頭をぐりぐりと撫でた。

【国　語】（五〇分）〈満点：一〇〇点〉

【注意】一、解答に字数制限がある場合は、句読点や「」等の記号も一字として数えます。
二、作問の都合上、原文の一部を省略したり、表記を改めたりした部分があります。

【一】次の文章を読んで、後の問いに答えなさい。

淳志(あつし)は音を立てぬようにすっと襖(ふすま)を開けた。ゆっくりと兄の部屋に足を踏み入れる。小さい頃、勝手に入ると兄にぽかりとやられていたので、二十歳になった今でも同じように淳志の体は強(こわ)ばってしまう。しかし、心のどこかでは今すぐ「勝手に入るなよ」という兄、孝志(たかし)の声が聞きたくてしかたがない。[a]淳志は部屋の中を見渡した。しんと静まり返ってはいるが、まるで先ほどまで兄がここにいたようなしるしばかりが目につく。抜け殻のような形のままの布団(ふとん)、机の上に転がったボールペン、乱雑に積まれた本たち。

窓からは明るい冬の光が差し込んでおり、壁に貼ってある一つの地図を、まるでそれを見ろと言わんばかりに照らしていた。犬の顔のような形のそれは、兄がアルバイトをしては旅に出ていたスペインの地図である。淳志が知っているスペインといえば、闘牛やフラメンコ、そんなことしかない。帰国するたびに兄が話してくれることも、その時は「へえ」などと関心をしめしたりもするのだが、数日も経(た)てば何の話だったか忘れてしまう。

淳志はベッドの上の抜け殻を崩してしまったら兄が戻る場所がなくなってしまうような気がして、それをよけるように腰をおろした。パイプのベッドが嫌な音を立てる。それは、まるで人間の骨がきしむ音みたいで淳志は顔をしかめた。兄の事故現場を見たわけではないが、こんな音を立てたのではないかと思ってしまう。自転車に乗った兄が車とぶつかったという電話を母親から受けた時、淳志は「どこで？」と言ったことを覚えている。

今考えれば、何であんなことを聞いたのだろうと思うのだが、瞬時に口から出たのは「どこで？」だった。誰しもが自分の身内が事故に遭い、ましてや集中治療室に入ることになるなんて思ってもいない。そんな「突然」にすぐに順応できるほど人間の頭は柔らかくないんだと淳志は知った。

[b]この三日間、兄は眠ったままだ。それとは反対に淳志と両親はほぼ一睡もしていない。兄が目を覚ましたら、そのことを責めてやろう。淳志がそう思った途端、鼻の奥がつんとなった。[c]悲嘆する両親の前で淳志は何度「大丈夫だよ」と言ったことだろう。一番言い聞かせたかったのは自分だった。淳志は鼻をすすって顔をあげる。

その視線の先に兄の本棚がでんと鎮座していた。何の秩序もなく並べられた騒がしい本たち。本棚というのは人の性格を顕著に表してくれる家具なのかもしれない。背表紙に並んだアルファベット、※1Nの文字の上に「～」と波がついているのが暗号のように見える。旅の本もあれば、歴史の本もある。並べられた本たちは、愛情をもって読まれたくたびれ方をしていた。自分が興味のある本など一冊もなさそうだと思った瞬間、一番下の段、もう何年も棚から出されていないであろう一冊の本に淳志の目が止まった。まだ取っておいてあるのかよ、と淳志は呆(あき)れながらも懐かしそうに、その本を見た。それを本とは言わないことを淳志は

2024年度

解　答　と　解　説

《2024年度の配点は解答欄に掲載してあります。》

＜数学解答＞

1 (1) 23　(2) $8\sqrt{3}$　(3) $x=2$, $y=-1$　(4) $x=-3$　(5) 22°

2 (1) 3：2　(2) 9：1　(3) 3：5

3 (1) $\frac{7}{20}$　(2) $\frac{1}{2}$　(3) $\frac{1}{5}$

4 (1) $a=\frac{1}{4}$　(2) $y=\frac{1}{2}x+6$　(3) 18

5 (1) 90°　(2) $16\sqrt{3}$　(3) $\sqrt{13}$

6 (1) 207　(2) $\frac{9\sqrt{2}}{2}$　(3) 8

○推定配点○

各5点×20　　計100点

＜数学解説＞

基本 1 （正負の数，平方根，連立方程式，2次方程式，角度）

(1) $3^2-(-7)\times2=9+14=23$

(2) $5\sqrt{12}-\frac{6}{\sqrt{3}}=5\times2\sqrt{3}-\frac{6\sqrt{3}}{\sqrt{3}\sqrt{3}}=10\sqrt{3}-2\sqrt{3}=8\sqrt{3}$

(3) $3x+y=5$…①，$x-2y=4$…②　①×2＋②より，$7x=14$　$x=2$　これを①に代入して，$6+y=5$　$y=-1$

(4) $x^2+ax+12=0$に$x=-4$を代入して，$16-4a+12=0$　$-4a=-28$　$a=7$　このとき，もとの方程式は，$x^2+7x+12=0$　$(x+4)(x+3)=0$　$x=-4$，-3　よって，もう1つの解は，$x=-3$

(5) 右の図で，平行線の錯角，同位角は等しいから，$\angle a=64°$，$\angle c=\angle b=116°-64°=52°$　三角形の外角と内角の関係より，$\angle x=\angle c-30°=52°-30°=22°$

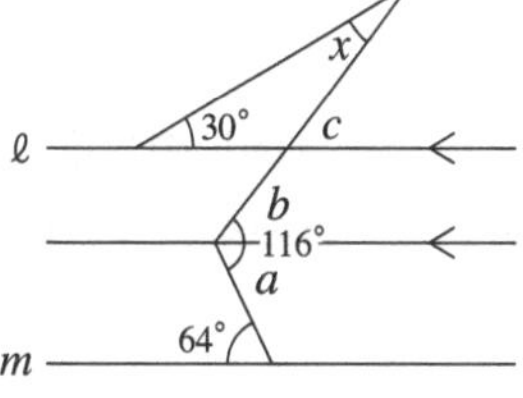

2 （平面図形の計量）

基本 (1) AG//BCだから，平行線と比の定理より，AH：HC＝AG：BC＝(2＋1)：2＝3：2

重要 (2) DC：DE＝AD：DG＝2：1より，DE：EC＝1：1　DG//JCだから，DG：JC＝DE：EC＝1：1　よって，AG：JC＝3：1　2組の角がそれぞれ等しいから，△AIG∽△CIJ　よって，相似比はAG：CJ＝3：1より，面積比は$3^2:1^2=9:1$

重要 (3) AH：HC＝3：2より，HC＝$\frac{2}{5}$AC　AI：IC＝AG：JC＝3：1より，IC＝$\frac{1}{4}$AC　よって，HI：IC＝$\left(\frac{2}{5}\text{AC}-\frac{1}{4}\text{AC}\right):\frac{1}{4}\text{AC}=\frac{3}{20}:\frac{1}{4}=3:5$

3 （確率）

基本 (1) カードの取り出し方の総数は4×5＝20(通り)　このうち，題意を満たすのは，$(a,\ b)=(1,$

5)，(1，8)，(2，7)，(3，6)，(3，9)，(4，5)，(4，8)の7通りだから，求める確率は$\frac{7}{20}$

(2)　$5b+2$がaの倍数のとき，題意を満たすから，$(a,\ b)=(1,\ 5)$，(1，6)，(1，7)，(1，8)，(1，9)，(2，6)，(2，8)，(3，5)，(3，8)，(4，6)の10通りある。よって，求める確率は，$\frac{10}{20}=\frac{1}{2}$

(3)　$1\times5\leqq ab\leqq4\times9$より，題意を満たすのは，$(a,\ b)=(1,\ 8)$，(2，9)，(3，6)，(4，8)の4通りだから，求める確率は，$\frac{4}{20}=\frac{1}{5}$

基本 4 (図形と関数・グラフの融合問題)

(1)　$y=ax^2$はA$(-4,\ 4)$を通るから，$4=a\times(-4)^2$　$a=\frac{1}{4}$

(2)　$y=\frac{1}{4}x^2$に$x=6$を代入して，$y=\frac{1}{4}\times6^2=9$　よって，B(6，9)　直線ℓの傾きは，$\frac{9-4}{6-(-4)}=\frac{1}{2}$　直線ℓの式を$y=\frac{1}{2}x+b$とすると，点Aを通るから，$4=\frac{1}{2}\times(-4)+b$　$b=6$　よって，直線ℓの式は$y=\frac{1}{2}x+6$

(3)　四角形OCDAの面積は，△OCDと△OADの面積の和に等しいから，OD＝6より，$\frac{1}{2}\times6\times2+\frac{1}{2}\times6\times4=18$

5 (平面図形の計量)

基本 (1)　CEは直径だから，∠CDE＝90°

重要 (2)　△ABCは正三角形だから，∠ABC＝60°　すると，△CDBは内角が30°，60°，90°の直角三角形だから，BD＝BE＋ED＝2＋2＝4より，BC＝2BD＝8，$\text{CD}=\sqrt{3}\,\text{BD}=4\sqrt{3}$　よって，$\triangle\text{ABC}=\frac{1}{2}\times8\times4\sqrt{3}=16\sqrt{3}$

重要 (3)　△ADGと△ACEにおいて，共通だから，∠DAG＝∠CAE　四角形CGDEは円Oに内接するから，∠ADG＝∠ACE　2組の角がそれぞれ等しいので，△ADG∽△ACE　DG：CE＝AD：AC　ここで，$\text{CE}=\sqrt{\text{CD}^2+\text{DE}^2}=\sqrt{(4\sqrt{3})^2+2^2}=\sqrt{52}=2\sqrt{13}$，AD＝BD＝4，AC＝BC＝8　よって，$\text{DG}=\frac{\text{CE}\times\text{AD}}{\text{AC}}=\frac{2\sqrt{13}\times4}{8}=\sqrt{13}$

6 (空間図形の計量)

基本 (1)　求める立体の体積は，立方体ABCD－EFGHと三角錐E－AMNの体積の差に等しいから，$6^3-\frac{1}{3}\times\frac{1}{2}\times3^2\times6=216-9=207$

重要 (2)　∠EAI＝90°　△AMNは直角二等辺三角形だから，$\text{AI}=\text{MI}=\frac{1}{2}\text{MN}=\frac{1}{2}\times3\sqrt{2}=\frac{3\sqrt{2}}{2}$

よって，$\text{EI}=\sqrt{\text{EA}^2+\text{AI}^2}=\sqrt{6^2+\left(\frac{3\sqrt{2}}{2}\right)^2}=\sqrt{\frac{162}{4}}=\frac{9\sqrt{2}}{2}$

重要 (3)　平面AEGCを考える。△EGPと△IEAにおいて，∠EPG＝∠IAE＝90°　AI//EGより，平行線の錯角は等しいから，∠GEP＝∠EIA　2組の角がそれぞれ等しいので，△EGP∽△IEA　GP：EA＝EG：IE　ここで$\text{EG}=\sqrt{2}\,\text{EF}=6\sqrt{2}$　よって，$\text{GP}=\frac{\text{EA}\times\text{EG}}{\text{IE}}=6\times6\sqrt{2}\div\frac{9\sqrt{2}}{2}=8$

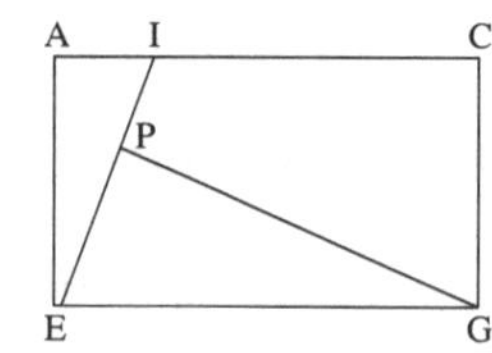

★ワンポイントアドバイス★

出題構成や難易度に大きな変化はない。全体的に取り組みやすい内容の出題が続いている。あらゆる分野の基礎をしっかりと固めておこう。

＜英語解答＞

1　① clean　② nine[9]　③ front[school]　④ drink

2　(1) A　(2) C　(3) B

3　1 C　2 D　3 D

4　(調査結果によると，イヌを飼う子どもは,)
・(イヌのために)家をきれいに保とうとする　・他人の気持ちを理解するのが得意

5　問1 Ⅰ B　Ⅱ C　Ⅲ D　Ⅳ A　問2 (兄たちのように)家族のためにお金を稼ぐために働くこと。　問3 (3-1) B　(3-2) D　問4 C
問5 (He wanted to use his money for) bringing peace to the world(.)
問6 (1) ○　(2) ×　(3) ×　(4) ×　(5) ○

6　問1 I have never heard about it (before.)　問2 ① D　② E　③ B
④ F　問3 A

7　(例) I want to try volunteer activities. I'm good at English, so I can help foreign people as a volunteer guide. My hometown is famous for its history, so I want to introduce it to them in English,

○推定配点○
1～4　各2点×12　5　各3点×14　6　各4点×6　7　10点　計100点

＜英語解説＞

1　(リスニング問題)

Tomorrow is the cleaning day. Our class is going to clean the beach near our school. We will meet at nine in the morning at the front gate of our school. You must bring your towel. And don't forget to bring something to drink, too. It will be hot tomorrow.

明日は掃除の日です。私たちのクラスは学校近くの海岸を掃除する予定です。私たちは朝9時に学校の正門に集まります。タオルを持参する必要があります。そして，飲み物も忘れずに持ってきてください。明日は暑くなるでしょう。

2　(リスニング問題)

No. 1　On Taku's schedule, he doesn't practice basketball on Tuesday.
No. 2　Today is January 15, so tomorrow is plastic bottle collection day.
No. 3　Please come to the Fureai Festival at Chuo Park. The flea market will be held from ten thirty to twelve o'clock. After that, please enjoy the concert in the afternoon from one to three o'clock.
No. 1　タクのスケジュールでは，火曜日はバスケットボールの練習をしません。
No. 2　今日は1月15日なので，明日はペットボトルの回収日です。
No. 3　中央公園ふれあいフェスティバルにぜひお越しください。フリーマーケットは10時半から12

時まで開催されます。その後は午後1時から3時までコンサートをお楽しみください。

3 （リスニング問題）

Man : Emily, I'm going to make a speech in my English class next week. You are from the U.K., and you have lived in America, right? Can you tell me about the two countries?

Woman : Sure, Takuya.

Man : People in America and the U.K. speak English, but there are some differences, right?

Woman : Yes. The accents and some words are different. For example, people in America say "elevator," but we say "lift" in the U.K.

Man : I see. Tell me more about the differences.

Woman : Sports are different, too. American football, basketball, and baseball are popular in America, but football is the most popular sport in the U.K. Oh, soccer is called football in the U.K.

Man : I'm a member of the soccer team at my school. I'm a big fan of British football.

Woman : Me, too. I think the food culture is different, too. In America, fast food is very popular.

Man : I think the amount of food in America is larger than that in the U.K.

Woman : Yes. I can't eat all the food in restaurants in America. Also, people in America usually drink coffee.

Man : How about the U.K.?

Woman : People in the U.K. love tea. They usually drink about five cups of tea every day. Tea time is important, and sandwiches and scones are often eaten with tea. Traditional foods such as meat pies and roast beef are famous.

Man : I didn't know that. Thank you for your ideas.

Woman : I hope you'll make a good speech.

Question 1 What are Takuya and Emily talking about?

Question 2 What sport does Takuya play?

Question 3 Which answer is correct about the food culture in the U.K.?

男性：来週英語のクラスでスピーチをするつもりなんだ。君はイギリス出身で，アメリカに住んでたことがあるよね？ 2つの国について教えてくれる？

女性：いいよ，タクヤ。

男性：アメリカとイギリスの人々は英語を話すけど，いくつかの違いがあるよね。

女性：そう。アクセントや一部の単語が違うんだよ。例えば，アメリカでは「エレベーター」と言うけど，イギリスでは「リフト」と言うのよ。

男性：なるほど。もっと違いを教えてよ。

女性：スポーツも違うよね。アメリカではアメリカンフットボール，バスケットボール，野球が人気だけど，イギリスで最も人気のあるスポーツはフットボールだね。ああ，イギリスではサッカーのことをフットボールと呼ぶのよ。

男性：ぼくは学校のサッカーチームのメンバーなんだよ。ぼくはイギリスのフットボールの大ファンなんだ。

女性：私もよ。食文化も違うと思うよ。アメリカではファストフードがとても人気があるね。

男性：アメリカの食べ物の量はイギリスより多いと思うんだけど。
女性：そう。アメリカのレストランではすべての料理を食べられないの。それから，アメリカ人はコーヒーをよく飲むよね。
男性：イギリスではどうなの？
女性：イギリスの人は紅茶が大好きよ。彼らは通常，毎日約5杯のお茶を飲むのよ。ティータイムは大切で，サンドイッチやスコーンを紅茶と一緒に食べることが多いの。ミートパイやローストビーフなどの伝統的な食べ物が有名よ。
男性：それは知らなかったな。教えてくれてありがとう。
女性：良いスピーチをすることを願っているね。
質問1 「タクヤとエミリーは何を話しているか？」
A　タクヤの好きな科目　　B　タクヤのイギリスでの体験
C　アメリカとイギリスの違い　　D　英語で良いスピーチをする方法
質問2 「タクヤは何のスポーツをしているか？」
A　アメリカンフットボール　　B　バスケットボール　　C　野球　　D　サッカー
質問3 「イギリスの食文化について正しいのはどれか？」
A　ファストフードがとても人気だ。
B　食べ物の量がしばしばより大きい。
C　多くの人が毎日コーヒーを飲む。
D　人々はよくサンドイッチを食べながらお茶を飲む。

4 （リスニング問題）

Research shows that having a dog as a pet is good for children. Children with dogs try to keep their houses clean for their dogs. In addition, they are good at understanding how others feel.

研究によると，犬をペットとして飼うことは子供にとって良いことです。犬を飼っている子供たちは，犬のために家をきれいに保とうとします。さらに，彼らは他人の気持ちを理解するのが得意です。

5 （長文読解問題・説明文：語句補充，指示語，語彙，内容吟味）

（全訳） ノーベル賞をご存知ですか？ それはアルフレッド・ノーベルの希望を反映しています。なぜ彼は賞を創設したのでしょうか？

アルフレッドはスウェーデンのストックホルムで生まれ，困難な子供時代を過ごしました。彼が幼い頃，(I)彼の家は貧しかったのです。父親は単身海外で働き，兄たちも家族のためにお金を稼ぐために働いていました。しかし，アルフレッドには(2)それができませんでした。彼は体力的に弱かったのです。彼はいつも家にいて本を読んでいました。彼の母親は彼に，心配せずに一生懸命勉強するように勧めました。

アルフレッドが9歳のとき，父親は事業で成功し，(II)家族は裕福になりました。彼の家族全員が再び一緒に暮らすことができました。アルフレッドは家庭教師と一緒に家で勉強を始めました。彼はとても熱心に勉強しました。彼は特に科学と言語を学びました。彼はいくつかの言語を(3-1)流暢に話しました。彼は詩も好きだったので，詩人になりたいと思っていました。

アルフレッドの父親は彼がエンジニアになることを望んでいました。そこで彼は詩人になることを諦めて海外へ旅立ちました。彼はさまざまな国で科学と新技術を学びました。数年後，(III)彼は父親を手伝うことを決心し，父親の工場で助手として働き始めました。

当時，アルフレッドはニトログリセリンに興味を持っていました。この物質を扱うのは危険であり，困難でした。それはわかっていましたが，その強大な力をダイナマイトに利用しようと考えたのです。同時にダイナマイトの力を人々のために利用したいとも考えていました。実際，彼はニトログリセリンを(3-2)安全に扱う方法を見つけ，ダイナマイトを作ることができました。

アルフレッドの(4)発明は大成功でした。ダイナマイトを使えば，山にトンネルを簡単に作ることができました。また，ダイナマイトのおかげで石炭の採掘が容易になりました。ダイナマイトは産業に良い影響を与えました。

彼はまた，人々はダイナマイトの力を恐れて戦争を始めることはないと信じていました。しかし，実際には戦争で大量のダイナマイトが使用され，Ⅳ多くの人が亡くなりました。ダイナマイトで大金を得て，人々は彼を「死の商人」と呼びました。彼はショックを受けました。彼はお金が欲しかったわけではありません。そこで彼は自分のお金を使って世界に平和をもたらすことを考えました。

アルフレッドは戦争のない世界を望んでいました。彼は，世界の発展のために働いた人々に賞とお金を与えたいと望んでいました。1895年にノーベル賞が創設されました。翌年，彼は亡くなりました。1901年，第1回ノーベル賞授賞式がストックホルムで開催されました。

問1　全訳参照。

基本　問2　直前の文にある，「家族のためにお金を稼ぐために働いていました」という内容を指している。

問3　(3-1) fluently は「流暢に，すらすらと」という意味

(3-2) 危険なニトログリセリンを「安全に」使うことができたと言っている。

問4　invention は「発明」という意味。「招待」は invitation，「計画」は plan，「工事」は construction。

問5　「アルフレッドは自分の金を何に使うことを望んだか。」 最後から2つ目の段落に「彼は自分のお金を使って世界に平和をもたらすことを考えました」とあるので，この部分の内容を使って書く。

重要　問6　(1) 「アルフレッドは家庭教師と一緒に科学と言語を熱心に勉強した。」「アルフレッドは家庭教師と一緒に家で勉強を始めました。彼はとても熱心に勉強しました。彼は特に科学と言語を学びました」とあるので，正しい。　(2) 「アルフレッドは詩が好きだったので，父親は彼が詩人になることを望んでいた。」「アルフレッドの父親は彼がエンジニアになることを望んでいた」とあるので，誤り。　(3) 「アルフレッドはニトログリセリンを扱うのが危険であることを知らなかった。」「この物質を扱うのは危険であり，困難でした。それはわかっていました」とあるので，誤り。　(4) 「アルフレッドは，自分の発明が世界中の多くの戦争に使用されることを望んでいた。」「人々はダイナマイトの力を恐れて戦争を始めることはないと信じていました」とあるので，誤り。　(5) 「アルフレッドは最初のノーベル賞授賞式が開催される前に亡くなった。」「1895年にノーベル賞が創設されました。翌年，彼は亡くなりました。1901年に第1回ノーベル賞授賞式が開催されました。」とあるので，正しい。

6　**（会話文問題：語句整序，語句補充）**

ユウト：トム，今度の土曜日ひばり動物園に行かない？

トム　：いいね。ぼくは動物がとても好きだよ。

ユウト：いいね。計画を立てよう。これはひばり動物園の英語サイトだよ。

トム　：んん…特別なイベントが5つあるね。ここを見て。ゾウやカンガルー，ライオンなどのイベントがあって…，ああ，赤ちゃん猿と遊びたいな！

ユウト：ぼくも！　猿は午前中に活動すると思うので，午前の部に行こうよ。

トム　：なるほど。他のイベントはどうかな？　ああ，見て。2種類の動物に餌をあげることができるんだね。

ユウト：うわー，いいね。ちょっと待って。餌やりイベントの1つは土曜日には開催されないんだ。
トム　：そうだね。それでは，午後のセッションのもう一つのに参加しよう。
ユウト：わかった。ああ，「プレイングパーク」は11:00スタートなので，イベントの合間に参加できるよ。
トム　：いいね，その後，ランチを食べてもいいよね？
ユウト：うん。
トム　：なるほど。午後は，餌やりイベントの後，他の動物たちを観察してみない？
ユウト：もちろん！　この動物園ではニホンカモシカを見ることができるそうだよ。見たいよね。
トム　：ニホンカモシカ？　(1)<u>それについては今まで聞いたことがないな</u>。
ユウト：ヤギとか鹿みたいだね。日本にしか生息していない動物だよ。
トム　：興味深いね。ところで，どうやって動物園に行こうか？
ユウト：若葉駅まで電車に乗ろうよ。ぼくの家からは25分かかるね。
トム　：なるほど。
ユウト：若葉駅からバスで動物園に行けるよ。ここを見て。バス路線は2つあるよ。
トム　：10番のバスのほうがいいよね？　15番のバスに乗ると，もみじ台で降りてから動物園まで歩くことになるから。
ユウト：その通り。ああ，思い出した。母が週末の10番のバスはとても混むと言っているよ。おそらくぼくたちはこのルートを選ぶべきじゃないね。
トム　：わかった。別のルートを使ってみよう。特別イベントのチケットを購入しなければならないので，開園時間の10分前に動物園に到着する必要があるよ。
ユウト：(2)<u>8時半</u>に家を出るのはどう？
トム　：わかった。待ちきれないよ！

ひばり動物園へようこそ

スペシャルイベント　　　開園時間　9:30－17:00

・アーティストの動物　10:15－10:45／13:50－14:20
　象は絵を描くのが上手です。彼らのアートショーを見逃さないで！
・果物が好き　10:25－10:55／13:30－14:00
　カンガルーは果物が好きです。彼らに与えましょう。
・王様に会おう　16:00－16:30〈平日限定〉
　ライオンのエサやりはいかがですか？　彼らはあなたを待っています。
・ニューフェイス　9:50－10:30／12:00－12:40
　赤ちゃん猿と遊ぼう！　彼らは先月生まれました。
・プレイングパーク　11:00－11:40／13:25－14:05
　かわいいウサギと遊べます。

ひばり動物園へようこそ

若葉駅→ひばり動物園

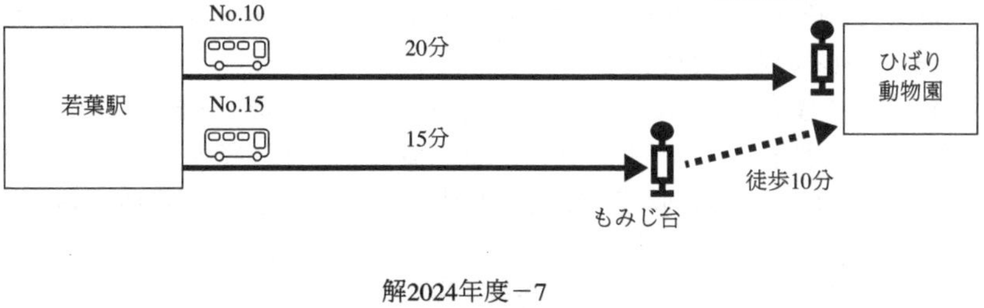

若葉駅
No.10　20分　→　動物園前　ひばり動物園
No.15　15分　→　もみじ台　徒歩10分　→　ひばり動物園

基本 問1 「これまでに～したことがない」という意味は，現在完了の経験用法を用いて表す。否定文なので，〈have ＋ never ＋過去分詞〉という形にする。

問2 「赤ちゃん猿と遊びたいな」「午前の部に行こうよ」→「『プレイングパーク』」は11:00スタートなので，イベントの合間に参加できるよ」→昼食→「午後のセッションのもう一つのに参加しよう」→「餌やりイベントの後，他の動物たちを観察してみない」「この動物園ではニホンカモシカを見ることができるそうだよ」とある。よって，「赤ちゃん猿と遊ぶ→ウサギと遊ぶ→昼食→カンガルーの餌やり→ニホンカモシカ」という順になる。

問3 15番のバスに乗るので，若葉駅からもみじ台のバス停までは15分かかる。またもみじ台のバス停からひばり動物園まで10分かかる。さらに，若葉駅まで行くのに「ぼくの家からは25分かかるね」とあるので，合計で50分かかることになる。動物園の開園時間は9:30であり，「開園時間の10分前に動物園に到着する必要があるよ」と言っているので，9:20に到着するとしてその50分前に家を出る必要があるので，Aが答え。

7 （条件英作文）

（解答例） 私はボランティア活動をしたいです。私は英語が得意なので，ボランティアのガイドとして外国の人たちを助けたいです。私の地元の町はその歴史で有名なので，それを彼らに英語で案内したいです。

文の数など与えられている条件をよく守って書くように心がける。また，スペルミスや文法上のミスなどは減点対象になるので，注意したい。抽象的な内容ばかりでなく，なるべく具体的な内容を考えて書くようにする。具体例：「部活動を頑張る」「勉強して成績を上げる」「多くの友達をつくる」など。

★ワンポイントアドバイス★

5の長文では，〈encourage A to ～〉が使われている。同じ形のものとして〈tell A to ～〉（Aに～するように言う），〈ask A to ～〉（Aに～するよう頼む）がある。tellを使うと命令する意味になり，ask を使うと依頼する意味になる。

＜国語解答＞

【一】 問1 イ　問2 （例） 両親には大丈夫だと励まして明るく接しつつも，内心では不安でたまらない気持ち。　問3 淳志は本棚　問4 A 口[唇]　B 目
問5 （例） 兄が置き忘れたのではなく，弟に貸してあげようとしていたのだ
問6 イ・ウ　問7 1 まだ取っておいてある　2 兄とまた話ができる　3 意味がない　4 祈るような　問8 （例） 私にとっての宝物は，父の田舎で祖母と山菜採りに行った思い出だ。山の中をすいすいと歩いて山菜を見つける祖母は頼もしく，私のカゴいっぱいに山菜を詰めてくれるのが嬉しかった。祖母が亡くなった今でも，幼い頃の父の話を楽しそうに話しながら山菜を採る祖母の笑顔を思い出すと，私の心は温かい気持ちで満たされるのだ。(150字)

【二】 問1 ① たましい　② しゅさい　③ 構築　④ 比較　⑤ 更新　問2 ア
問3 エ　問4 イ　問5 ウ　問6 情報　問7 個々人の「外の世界」の認識の総体　問8 1 無批判な思考停止の状態　2 予想もしない刺激を得ること

3　自分で考え，自分をつくり変え続けていく　問9　イ
【三】　問1　a　あわれみ　b　おおく　c　いうよう　問2　(1)　はまぐり
(2)　(例)　上人[春豪房]が海人から買い取った。[海人が海から採った。]　問3　功徳
問4　ウ　問5　ア　問6　放生の功徳

○推定配点○
【一】　問1・問3　各3点×2　問2・問5　各5点×2　問6　4点(完答)　問8　10点
他　各2点×6　【二】　問1・問5・問8　各2点×9　他　各3点×6
【三】　問1・問2(1)・問3　各2点×5　他　各3点×4　計100点

＜国語解説＞

【一】　(小説―情景・心情，内容吟味，文脈把握，段落構成，脱語補充，慣用句)

問1　――線部a後の場面で，「抜け殻のような形のままの布団，……本たち」や「兄がアルバイトをしては旅に出ていたスペインの地図」といった「先ほどまで兄がここにいたようなしるしばかりが目につ」き，兄が「事故に遭い，ましてや集中治療室に入ることになるなんて思ってもいない」淳志の心情が描かれているのでイが適切。兄が集中治療室に入ることになった現実を受け止めきれず，兄の部屋で少しでも自分を慰めようとしていることを説明していない他の選択肢は不適切。

問2　――線部c直後で，cのような両親には何度も「『大丈夫だよ』と言った」が「一番言い聞かせたかったのは自分だった」という淳志の心情が描かれていることを踏まえ，両親に接する態度とは異なる淳志の本心を簡潔に説明する。

問3　「淳志は本棚……」で始まる段落から，場面は再び現在に戻っている。

基本　問4　Aは，不平不満を表す顔つきを表す「口」あるいは「唇」があてはまる。Bは，驚いて目を見張る様子を表す「目」があてはまる。

問5　「いつのことだっただろうか……」で始まる段落で描かれているように，淳志の机の上に置いてあった兄の辞書は，兄が置き忘れたものだと思い，勝手に使ったらまた怒られると思って，兄の机の上に戻し，それ以来淳志は辞書には触れていなかった。その辞書のケースの奥から，その頃の兄が書いた――線部eの紙を見つけたので，兄が辞書を置き忘れたのではなく，弟に貸してあげようとしていたのを淳志が思い違いをしていたということを，空欄にあてはまる形で説明する。

重要　問6　回想場面では兄との会話や兄の様子が描かれているが，全体を通して淳志の視線で描かれているので，アは不適切。途中で兄の辞書にまつわる回想場面がはさまれているので，イは適切。回想場面の子どもの頃の淳志や兄の様子として「ビリビリ」「きひひ」などの擬音語や「ピカピカ」「べーっ」などの擬態語を用いているので，ウも適切。エの「方言」は用いていないので不適切。オの「無意識に」も最後の描写と合わないので不適切。

問7　1は「その視線の先に……」で始まる段落内容から「まだ取っておいてある(10字)」，2は「自分が今……」で始まる段落内容から「兄とまた話ができる(9字)」がそれぞれあてはまる。3は「『そんなこと……』」で始まる淳志のせりふから「意味がない(5字)」といった言葉，4は最後の段落の「祈りを捧げるかのように」という淳志の描写から「祈るような(5字)」といった言葉がそれぞれあてはまる。

やや難　問8　解答例では，祖母との思い出を宝物として述べているが，学校生活での経験，身近な人や尊敬する人，あるいは誰かからもらったプレゼントや苦労して手に入れた物なども考えられるだろ

う。経験や人物，物といった宝物について，それにまつわるエピソードを具体的に述べることが重要だ。

【二】（論説文一大意・要旨，内容吟味，文脈把握，脱語補充，漢字の読み書き）

基本 問1 ══線部①の音読みは「コン」。熟語は「魂胆」など。②は中心になって物事を行うこと。③は組み立てて築くこと。④の「較」は「車(くるまへん)」に「交」であることに注意。⑤は前の状態から新しく改めること。

問2 A・Bのある段落を整理すると，内田先生が話したことをイメージすると，わたしにとっての「自分」という境界線は，肉体としての身体よりさらに外にあるように感じられる→身体のまわりの空間と自分が不可分になる→A＝「空間」を含めた全体としたものをB＝「自分」と認識するようになる，という文脈になる。「つねにまわりの空間と一緒に存在している」とするCのある文の説明として直後の段落で，「『空間』と『身体』」の関係について述べているので，Cには「身体」があてはまる。

重要 問3 ──線部aについて「そうした大きな……」から続く4段落で，「外の世界」は「人間には制御できないものであ」り「他人はもちろんのこと，地球の大地や……見えない霊的なものも含めた自分ではない壮大な外部」で「いつも大きな渦のように循環している」と述べているのでエが適切。これらの段落内容を踏まえていない他の選択肢は不適切。

問4 ──線部bから続く2段落で，「空間というものは……概念として人間のなかで想起するものであ」り，「人間の……身体があって，はじめて空間というものがそれぞれに立ちあがる」ためには，「……わたしたちの身体も，まわりの……空間と絶え間なく交流していると捉えるほうがよほど自然に思えてくる」と述べているので，このことを踏まえたイが適切。これらの段落内容を踏まえていない他の選択肢は不適切。

問5 Dには，別々のものが区別がつかないほど一つになって，とけ合っているさまを表すウが適切。アは果てしなく広く大きいさま。イはばらばらでまとまりがなく，筋道が立っていないさま。エは複数の人が心を一つにして一人の人間のように固く結びあうこと。

問6 Eには，直前の段落で述べているように，外の世界から得る「情報」があてはまる。

重要 問7 ──線部cは直後で述べているように「環世界」のことであり，この「環世界」について「その［ E ］を……」で始まる段落で，環世界は「個々人の『外の世界』の認識の総体(16字)」であることを述べている。

問8 ──線部dのある文を直後の段落の説明で補っているので，1には「無批判な思考停止の状態(11字)」があてはまる。2は「それをもっとも……」で始まる段落の「予想もしない刺激を得ること(13字)」，3には再度d直後の段落から「自分で考え，自分をつくり変え続けていく(19字)」がそれぞれあてはまる。

やや難 問9 イは「他人はもちろん……」から続く4段落の内容を踏まえている。アの「合気道を……」以降は「合気道のお稽古を……」で始まる段落内容と合わない。「自然とは……」で始まる段落で，外の世界である地球は「エンドレスに循環していること」を述べているが，「わたしたちのなかの……」で始まる段落で「内なる世界」である「環世界が外の渦と接触し，……上書きされていくことで，わたしたちは……成長(進化)する」ことを述べているので，「外の世界は……成長している」とあるウも不適切。エの「正解を知り」は「そんな環世界には……」で始まる段落内容と合わない。

【三】（古文一内容吟味，文脈把握，脱語補充，仮名遣い）

〈口語訳〉 東大寺の上人春豪房が，伊勢の海のいちしの浦で，海人がはまぐりを採っているのをご覧になって，慈悲の心をおこされて，(はまぐりを)みんな買い取って海に投げ入れなさった。(上

人は)すばらしい功徳をほどこしたと思ってお休みになった夜の夢に，はまぐりが多く集まって，嘆いて言うには，

「私はけだものの生をうけてはまぐりの身から抜け出せる時期がわかりませんでした。たまたま二の宮の御前に参りまして，まさに抜け出せるはずのところを，上人がつまらない同情をおこしになられて，(私たちは)また苦しみを重ねる身になってはまぐりの身から抜け出せる機会を失ってしまいました，ああかなしい，ああかなしい」という夢を見て，目がさめた。上人はこのうえなくお泣きになった。放生の功徳も時と場合によるべきである。

基本 問1　歴史的仮名づかいの語頭以外の「は・ひ・ふ・へ・ほ」は現代仮名づかいでは「わ・い・う・え・お」，「ア段＋う」は「オ段＋う」になるので，═══線部aの「あはれみ」は「あわれみ」，bの「おほく」は「おおく」，cの「云ふやう」は「いうよう」となる。

問2　(1)・(2)　――線部①直前「海人はまぐりを……」で述べているように，海人が採った「はまぐり」を上人春豪房がみんな買い取って海に投げ入れた，ということなので，(1)は「はまぐり」，(2)は「上人(春豪房)が海人から買い取った」あるいは「海人が海から採った」という内容で説明する。

問3　Aは，上人春豪房が自分はすばらしい行いをしたと思った，ということなので，最後の一文にある「功徳」があてはまる。「功徳」は仏教語で「現在または未来に神仏のよい報いを受けられる善行」という意味。

問4　□部分は，上人春豪房の夢に現れた「はまぐり」たちが話した内容で，はまぐりの身から抜け出せるところを「上人よしなきあはれみをなし給ひて」すなわち，上人がつまらない同情をおこしたことで，その機会を失ってしまった，ということなのでウが適切。「よしなきあはれみ」「出離の縁を失ひ侍りぬる」の意味を踏まえていない他の選択肢は不適切。

やや難 問5　――線部②前までで述べているように，上人春豪房は功徳と思って買い取ったはまぐりを海に投げ入れたが，それははまぐりの出離の期を奪う行為であった，ということがわかって②のようになっているのでアが適切。自分のした行為が相手の妨げとなったことを説明していない他の選択肢は不適切。

重要 問6　最後の「放生の功徳もことによるべきにこそ。」の一文は，上人春豪房の行為に対する語り手の感想である。

★ワンポイントアドバイス★

小説では，情景描写に込められた心情も読み取っていくことが重要だ。

大切なことはメモしておこうネ！

T.G

2023年度

★★★★★★★★★★★★★★★★★★★★★★★

入　試　問　題

2023年度

創価高等学校入試問題

【数　学】（50分）　＜満点：100点＞

【注意】 定規，コンパス，分度器，電卓等を使用してはいけません。

1　次の問いに答えなさい。

(1)　次の連立方程式を解きなさい。

$$\begin{cases} 8x-3y=5 \\ -3x+5y=2 \end{cases}$$

(2)　$3ax^2-15ax-18a$ を因数分解しなさい。

(3)　126にできるだけ小さい自然数をかけて，ある整数の２乗にしたい。どのような数をかければよいか答えなさい。

(4)　$y=x^2$ について，x の変域が $-2 \leqq x \leqq 3$ のとき，y の変域を求めなさい。

(5)　底面の半径が３，体積が 12π である円すいの母線の長さを求めなさい。

2　右の図のように，平行四辺形ABCDがあり，辺BCの中点をM，辺CDを２：１に分ける点をNとし，AMとBDの交点をE，AMとBNの交点をFとする。次の問いに答えなさい。ただし，もっとも簡単な整数の比で答えなさい。

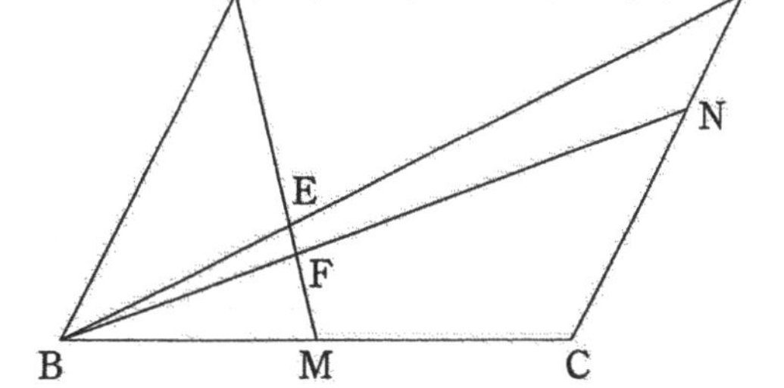

(1)　AE：EMを求めなさい。

(2)　AF：FMを求めなさい。

(3)　BF：FNを求めなさい。

3　赤と書かれたカードが２枚，青と書かれたカードが１枚，黄と書かれたカードが１枚，計４枚のカードが入った箱がある。あとの(A)か(B)の手順で，下の図のような旗の①，②，③の部分に色を塗ることを考える。

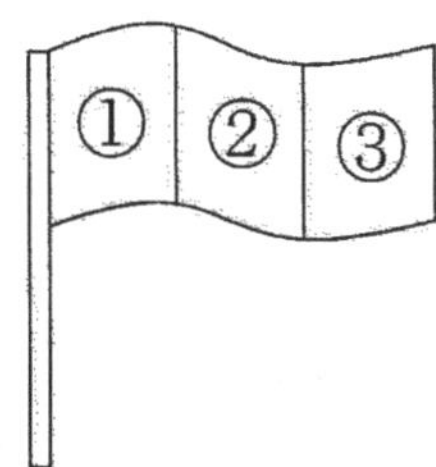

(A)　箱の中から続けて３枚のカードを取り出す。１枚目に取り出したカードに書かれた色で①を塗り，２枚目に取り出したカードに書かれた色で②を塗り，3枚目に取り出したカードに書かれた色で③を塗る。

(B) 箱の中から１枚のカードを取り出し，そのカードを箱の中に戻すことを３回くり返す。１回目に取り出したカードに書かれた色で①を塗り，２回目に取り出したカードに書かれた色で②を塗り，３回目に取り出したカードに書かれた色で③を塗る。

(1) (A)の手順で旗に色を塗る場合，色の塗り方は全部で何通りあるか求めなさい。

(2) (A)の手順で旗に色を塗る場合，①が青，②が黄，③が赤となる確率を求めなさい。

(3) (B)の手順で旗に色を塗る場合，①と②と③が同じ色となる確率を求めなさい。

4 下の図のように，関数 $y=2x^2$ のグラフと直線 $y=2x+b$ のグラフが２点A，Bで交わっている。点Bの x 座標は２である。次の問いに答えなさい。

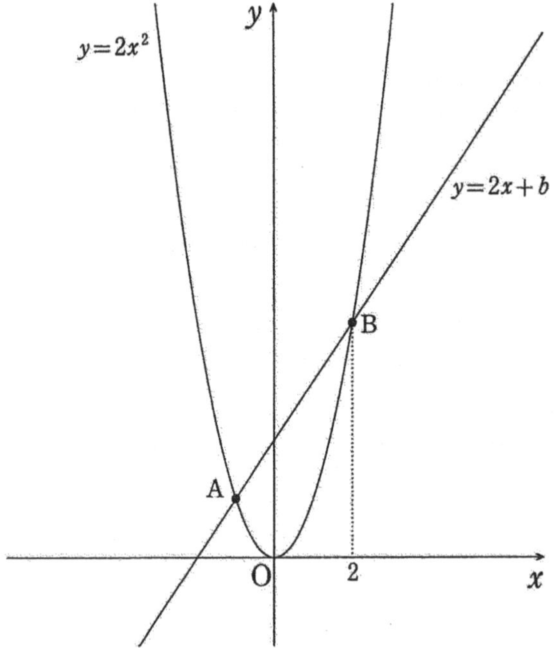

(1) b の値を求めなさい。

(2) △OABの面積を求めなさい。

(3) 関数 $y=2x^2$ のグラフ上を動く点Pを考える。
△PABの面積が△OABの面積の２倍となるような点Pの座標をすべて求めなさい。

5 次のページの図のように，点Oを中心とする半径４の円がある。A，B，Cは円周上の点であり，∠BAC＝30°である。∠ABCの二等分線と線分ACとの交点をD，∠ABCの二等分線と $\overset{\frown}{AC}$ との交点をEとする。ただし，点Eは点Bと異なるものとする。また，点Bから線分ACに垂線をひいたときの交点をFとする。次の問いに答えなさい。

(1) 線分ABの長さを求めなさい。

(2) ∠OEDの大きさを求めなさい。

(3) △ODEと△FDBの面積比をもっとも簡単な整数の比で表しなさい。

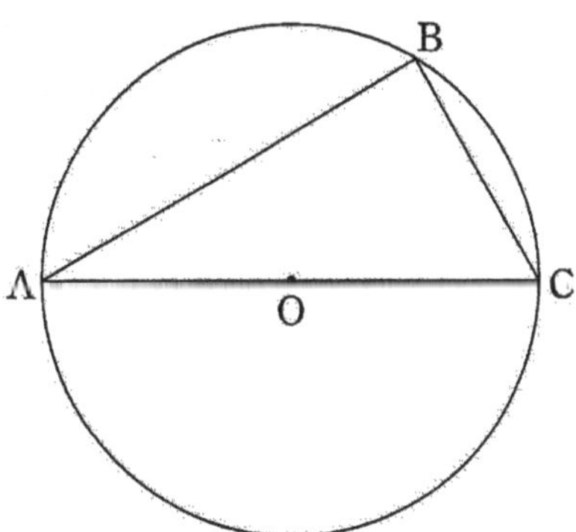

6　右の図のように，1辺の長さが6の立方体がある。辺ADの中点をM，辺DCの中点をNとする。次の問いに答えなさい。

(1)　3点A，C，Fを通る平面でこの立方体を切った切り口の面積を求めなさい。

(2)　点Bから平面ACFに垂線をひいたときの交点をPとする。このとき，線分BPの長さを求めなさい。

(3)　3点M，N，Fを通る平面でこの立方体を切った切り口の面積を求めなさい。

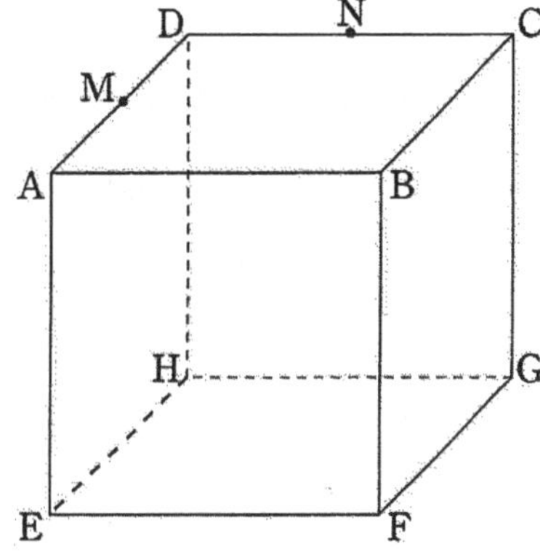

【英　語】（50分）　＜満点：100点＞　**※リスニングテストの音声は弊社HPにアクセスの上，音声データをダウンロードしてご利用ください。**

【放送問題】

放送問題は1～4です。1 2 3の英文は1回しか放送されません。

放送中にメモをとってもかまいません。

1　授業での先生の指示が放送されます。下のスライドはその要点をまとめたものです。放送を聞き，（①）～（④）に入る語を書きなさい。ただし，（③）は数字で書いてもかまいません。

スライド

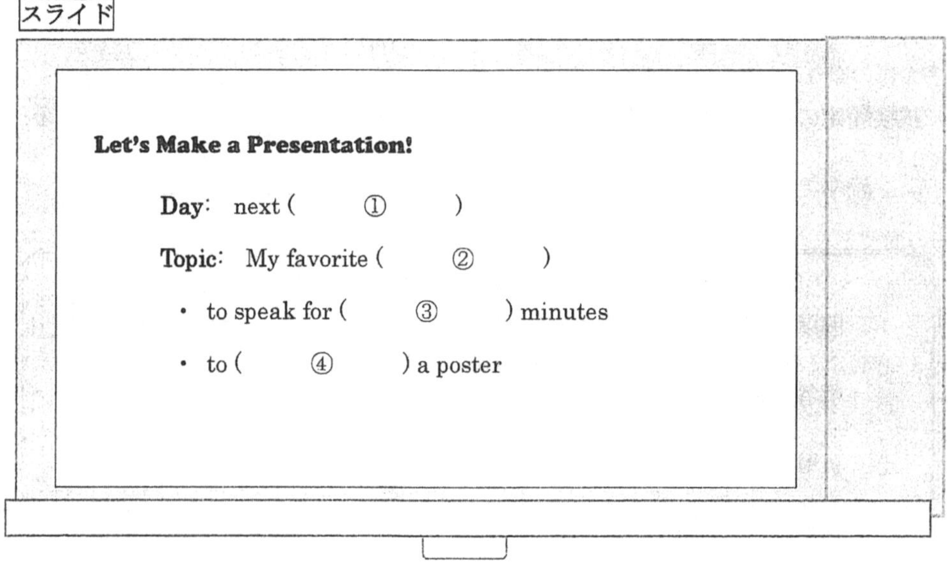

2　グラフに関する短い英文が放送されます。それぞれの内容を表しているグラフを選び，記号で答えなさい。

(1)

A.　B.　C.　D.

(2)

A.　B.　C.　D.

(3)

A. みかん　リンゴ　いちご　ブドウ

B. みかん　リンゴ　いちご　ブドウ

C. みかん　リンゴ　いちご　ブドウ

D. みかん　リンゴ　いちご　ブドウ

3　2人の会話と，その内容についての質問が放送されます。それぞれの質問の答えとして適切なものを選び，記号で答えなさい。

Question 1

A. To help her pet　　B. To buy a dog

C. To see a robot　　D. To change her robot

Question 2

A. Greet its owner　　B. Drink water

C. Charge by itself　　D. Calculate money

Question 3

A. She will take care of it.　　B. She will be a good friend.

C. She will pay for it.　　D. She will talk to her mother.

4　英語のスピーチを聞き，要点を日本語でまとめる問題です。スピーチが2回放送されます。以下のメモを見ながら聞き，下線部に適切な日本語を入れなさい。

メモ

・電子書籍は＿＿＿＿＿＿＿＿＿＿＿＿＿＿のので便利

・紙の書籍は＿＿＿＿＿＿＿＿＿＿＿＿＿＿のので便利

・私は＿＿＿＿＿＿＿＿＿＿のほうが好き

5 明治・大正時代に多くの建物を残した建築家辰野金吾(たつのきんご)についての英文を読み，あとの問いに答えなさい。

Tatsuno Kingo was born in 1854 in Karatsu, Saga. In his childhood, his mother wanted him to be strong enough to get through any difficulty and achieve his goals. (1)<u>She encouraged him to【family / for / water / his / carry】every day.</u> He had to go to the *well 200 meters away from the house five or six times a day. After doing that, he (2)<u>sit</u> at a desk and studied late at night.

As *the Meiji Era started, *Karatsu-han established an English language school to introduce European culture. Kingo learned English and became interested in European academic studies. He thought [I]. He took the first entrance exam for a university established by the government in 1873. He passed it at the last place of the new students and began to study *architecture.

Kingo thought he had to make two or three times more effort than others. Actually he continued to study hard for six years and graduated with the highest grade. In 1880, as the best graduate, he was invited to Britain to study European architecture. During the three years of his stay, he always carried a sketchbook with him. He made a sketch every time he saw a beautiful building. He thought [II].

After returning to Japan, Tatsuno started to work hard as an educator and an independent *architect. He thought [III]. He wanted to turn the old town of Edo into a new city named Tokyo by designing strong and beautiful buildings. He used Western technique and created a new style of architecture.

*The Bank of Japan Head Office was the first big work for Tatsuno. He thought [IV]. He dug deep in the ground and made a strong base. After he encountered many troubles and problems, the stone building in *Baroque style was completed in 1896. It was said that this building showed the dignity of Japan.

Tatsuno's best work is (4)<u>the Central Station</u>, a very strong building with Japanese beauty. He thought this building should be the symbol of Tokyo and *harmonize with other buildings in Tokyo. He designed this building based on British designs and used Japanese materials, such as brick and wood from the Tohoku area. It was completed in 1914 after he overcame difficulties. His architecture later became known as "Tatsuno style."

In 1919 Tatsuno died from the Spanish flu pandemic. Until he died, he never stopped working or thinking about architecture. He created many buildings in the Tatsuno style not only in Tokyo but also in Hokkaido, Osaka, and his hometown, Karatsu in Saga. Even after a century, many of his buildings have survived natural disasters and wars, and they remain as the [⑤] of each town.

注）well 井戸　the Meiji Era 明治時代　Karatsu-han 唐津藩　architecture 建築，建築物
architect 建築家　the Bank of Japan Head Office 日本銀行本館　Baroque バロック

harmonize　調和する

問１　下線部⑴の意味が通るように【　】内の語句を並べ替えて書きなさい。

問２　下線部⑵の語を文中に合う正しい形に直して書きなさい。

問３　Ｉ ～ Ⅳ に入るものを選び，記号で答えなさい。

Ａ．he could use them after he went back to Japan

Ｂ．he could be successful in the future if he studied hard

Ｃ．this building had to be strong enough to resist earthquakes

Ｄ．about how to *modernize Japan in the field of architecture

（* ～を近代化する）

問４　下線部⑷の建物にはどんな特徴がありますか。設計や構造上の特徴について，日本語で書きなさい。

問５　［⑤］に入る語を本文中から抜き出して書きなさい。

問６　本文から読み取れる辰野金吾の建築に関する考えと最も合うものをＡ～Ｃから１つ，彼の信条と最も合うものをＤ～Ｆから１つ選び，記号で答えなさい。

Ａ．It is necessary for architects to study European designs.

Ｂ．It is important for buildings to be part of a town.

Ｃ．It is more important for buildings to be beautiful than strong.

Ｄ．When other people do one thing, I will do two or three.

Ｅ．When other people have a trouble, I will go to help them as soon as possible.

Ｆ．When I have some difficulties, I will ask for help.

6　Toru とホームステイ中の Mike が日帰り旅行の計画について話しています。次のページのガイドマップを参考に会話文を読み，あとの問いに答えなさい。

Toru: Let's talk about our travel plan. By the way, why do you want to go to Hiroshima?

Mike: I found some very interesting photos on the Internet. They were colored photos of the old city of Hiroshima. But surprisingly they were originally black and white. They were taken before the atomic bomb was dropped in 1945.

Toru: I saw the photos on TV. Japanese high school students in Hiroshima had colorized them by using *AI technology.

Mike: I want to see the real place.

Toru: I see. Here's a Hiroshima Guide Map. We'll get there early in the morning.

Mike: That's right! Where will we go first?

Toru: I think we should visit the historical places first. We can learn about what happened in Hiroshima during the war.

Mike: OK. Then, let's go to (　1　) in the morning.

Toru: Sounds good. We can visit there on foot.

Mike: Yes, I also want to see the castle.

Toru: OK! It's very beautiful. We can also visit some other attractive places around there.

Mike: Great! I want to visit as many places as possible.

Toru: We can take the bus or streetcar around the city. But they're not so convenient. We always have to follow the time schedule.

Mike: Well, (2) <u>why don't we rent some bicycles?</u> Then, we won't have to worry about the time so much.

Toru: What a good idea!

Mike: By the way, where will we have lunch?

Toru: Well, there's a famous shopping street in the (3) of the map. We can find a lot of delicious local foods there.

Mike: Let's go there before visiting the castle!

Toru: Sounds good.

Mike: You know, I'm really excited about this plan. I want to take lots of pictures and share them on SNS.

注）AI 人工知能

Hiroshima Guide Map

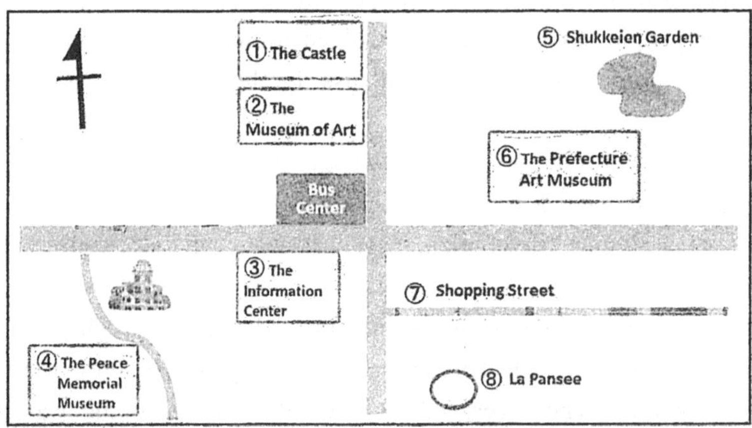

① The Castle
rebuilt in 1957

② The Museum of Art
modern European paintings

③ The Information Center
Guide maps Tickets Hotels

④ The Peace Memorial Museum
history of Hiroshima before and after the war

⑤ Shukkeien Garden
a Japanese garden, free bicycle parking lot

⑥ The Prefectural Art Museum
offers interesting events regularly

⑦ Shopping Street
souvenirs and local foods

⑧ La Pansee
a statue of a woman, good photo spot

問１ （１）に当てはまる適切な場所を選び，番号で答えなさい。

② / ④ / ⑥ / ⑧

問2　下線部(2)のように提案した理由を１つ日本語で書きなさい。

問3　（３）に入れる適切な語を選び，記号で答えなさい。

A．northeast　B．northwest　C．southeast　D．southwest

問4　問１の場所のあと，2人が次に向かうのはどこですか。適切な場所を選び，番号で答えなさい。

①　/　③　/　⑤　/　⑦

問5　次の問いに対する適切な答えを選び，記号で答えなさい。

Q：Why did Mike become interested in Hiroshima?

A．Because he learned a lot of information from Toru.

B．Because he wanted to visit many places by bus and streetcar.

C．Because he was surprised to see colorized pictures of the city before.

D．Because he wanted to show his beautiful photos of Hiroshima on SNS.

7　毎日の生活の中で，あなたが大事だと思うことは何ですか。下の選択肢から１つ選び，その理由や実際にしていることを含め，３～４文の英語で書きなさい。

選択肢：　・have breakfast　・do exercise　・sleep well

※2　行幸……天皇が外出すること。
※3　左京属……京での官職のひとつ。

問1　＝＝線部a～cの読みを現代仮名遣いで答えなさい。

問2　〰〰線部「つとめて」の意味を答えなさい。

問3　──線部①「さ聞くは」とありますが、聞いている内容とはどのようなものですか。次の選択肢の中から適切なものを一つ選び、記号で答えなさい。

ア．この辺りには「迷神」という名前の土地があるということ。
イ．この辺りには神にまつわる迷信が多くあるということ。
ウ．この辺りには人のことを迷わす神がいるということ。
エ．この辺りには居場所を探して迷う神がいるということ。

問4　□で囲われた部分の内容を説明した文として適切なものを、次の選択肢の中から一つ選び、記号で答えなさい。

ア．行ってみたい場所が多すぎて、旅の目的地を決めきれないで悩んでいる。
イ．たどり着くべき場所に到着することができず、さまよい歩いている。
ウ．道に迷わないように、様々な場所を巡りながら旅の計画を立てている。
エ．旅をより楽しいものにしようと、多くの名所を訪れて観光している。

問5　──線部②「やうやう日も暮方（くれがた）になりぬ。」を現代語訳しなさい。

問6　──線部③「思ひて」とありますが、俊宣が思った内容が書かれた部分はどこですか。本文中から探し、初めと終わりの五字を抜き出して答えなさい。

力になるという考え方は、記憶が頭のよさに関連しているという考え方と同じである。

イ．ことばは大なり小なりものごとと結びつけられており、両者は不離一体の関係なので、どちらか片方を忘れると、ものごとの理解にはならない。

ウ．内容をとらえて動かす手段であることばを覚えていないので、情報内容そのものを忘れて、思い出せなくなるのは当然のことであり、やむを得ないことである。

エ．ことばの忘却がすべてではなく、当然、内容そのものを忘却することもあるが、100パーセント忘れないために、思い出そうとする意識が必要である。

オ．ものごとが頭に入ると、重要でないとされた部分から忘れていくが、何の痕跡も残さないほどに忘れるのは、ことばそのものを想起できなくなった時である。

問10　「忘れる」ことの利点について、本文の内容とは異なるあなたの考えを、次の条件に従って書きなさい。

条件

1．一文目に利点を簡潔に書き、二文目以降に理由や具体例を書くこと。
2．一マス目から書き出すこと。
3．常体（だ、である調）で書くこと。
4．字数を一〇〇字以上一五〇字以内にすること。

【三】　次の文章を読んで、後の問いに答えなさい。

今は昔、三条院[※1]の八幡の行幸に、[※2]左京属[※3]にて、邦の俊宣といふ者の供奉したりける（お供をしていたところ、）に、長岡に寺戸といふ所の程行きけるに、人どもの（人々が、）、「この辺には迷神あんなる辺ぞかし」といひつつ渡る程に（と言いながら通る時に、）、「俊宣も、①さ聞くは」といひて行く程に、過ぎもやらで（先にも進まず、）、日もやうやうさがれば、今は山崎のわたりには行き着きぬべきに、aあやしう同じ長岡の辺を過ぎて、乙訓川の面を過ぐと思へば、また寺戸の岸を上る。寺戸過ぎてまた行きもて行きて、乙訓川の面に来て渡るぞと思へば、また少し桂川を渡る。

②やうやう日も暮方になりぬ。後先見れば、人一人も見えずなりぬ。後先に遥かにうち続きたる人も見えず。夜の更けぬれば、寺戸の西の方なる板屋の軒におりて（板ぶきの家の軒下にいて、）、夜を明かして、つとめて思へば、我は左京の官人なり。九条にてとまるべきに、かうまで来つらん（ここまで来たようで、）、bきはまりてよしなし（まったくつまらないことだ。）。それに同じ所を夜一夜（一晩中）めぐり歩きけるは、九条の程より迷はかし神の憑きて、率て来るを知らで（知らないで、）、cかうしてけるなめり（こんなことになったのだろう）と③思ひて、明けてなん西京の家には帰り来たりける。俊宣が正しう語りし事なり。

（『宇治拾遺物語』）

〈注〉　※1　三条院……第六十七代天皇。

の糧として骨肉化される。忘却はこの消化と同化の作用にとって、なくてはならない消化液である。

この忘却過程を経たものが深層の精神の中へ沈降して行く。それは暗く音もないドロドロした生命の源泉として横たわる。もちろん、意志や思考によって、これを客観化することや意識化することはできない。

どんな記憶力のよい人でもこの超言語の深層心理のことを告げることはできない。それは夢の形によって不随意的にあらわれるにとどまる。

dわれわれが「忘れてしまった」と思っているものが案外もっとも深い自我を形成しているかもしれないのである。（外山　滋比古『大人の思想』）

〈注〉　※掩蔽……おおい隠すこと

問1　═線部について、①③は漢字をひらがなに、②④⑤はカタカナを漢字に、それぞれなおしなさい。

問2　──線部a「忘却の必要が認められるようになる」条件とは何ですか。次の選択肢の中から適切なものを一つ選び、記号で答えなさい。

ア．ものごとをよく記憶していることが頭のよさであるという考え。

イ．文化には経験主義ではどうにもならないことがあるという考え。

ウ．とにかくもの覚えがよくなくてはならないという考え。

エ．記憶の権威がゆらぎ、伝統や蓄積が成長の原動力であるという考え。

問3　［A］、［B］、［C］に入る適切な組み合わせを、次の選択肢の中から一つ選び、記号で答えなさい。

ア．A　記憶　B　ことば　C　ことば

イ．A　記憶　B　ことば　C　記憶

ウ．A　理解　B　記憶　C　ことば

エ．A　理解　B　理解　C　記憶

問4　［D］に入る言葉として、次の選択肢の中から適切なものを一つ選び、記号で答えなさい。

ア．不可思議　イ．不可逆的　ウ．分不相応　エ．分離可能

問5　──線部bについて、そのように言える理由は何か。次の選択肢の中から適切なものを一つ選び、記号で答えなさい。

ア．ことばという索引があれば、後日それを手がかりにして、物事との関係を間接的なものにすることができるから。

イ．ことばという索引が失われると、かえって記憶をたよりに、すべてのことを覚えようとするから。

ウ．ことばという索引があれば、雑然とした知識や経験を整理することができ、求めるものをさがせるから。

エ．ことばという索引がなければ、直接物事に触れるので、本当の意味で経験や理解に役立つから。

問6　［E］に入る言葉を本文中から漢字二字で抜き出しなさい。

問7　──線部c「精神の糧として骨肉化され」たものとは何か。本文中から五字で抜き出しなさい。

問8　──線部dについて、なぜこのように考えられるのですか。その理由を「記憶は～」の後に続く形でまとめ、「表層」「深層」の言葉を用いて、四十五字以上五十字以内で説明しなさい。

記憶は［四十五字以上五十字以内］

問9　本文の内容と合っているものは何か。次の選択肢の中から適切なものを一つ選び、記号で答えなさい。

ア．過去の情報をなるべく多く蓄積しているほうが生きる上で大きな

わすものごとは［D］な関係にある。したがってことばは忘れても内容は忘れていないことがありうる。

ただ、その内容をとらえて動かす手段であることばが忘れられていると、思い出そうとしても出てこない。結果としては、内容も忘れられたと同じようなことになるが、しかし、これは忘れられたのとは区別して考えなくてはならない。

人間の頭は一見、雑然といろいろの知識、経験をとり込んだ大きな書物のようなところがある。ことばという③索引がないと、本文の中から求めるものをさがし出して来ることができない。忘れるとはこの索引の失われることである。しかし、せっかくの本文も、索引がなくては利用できず、宝のもちぐされのようになる。記憶が尊重されるのは当然と言ってよい。

逆にこういうことも考えられる。記憶がよくて、すべてのことを覚えていて、インデックスの完備した本のような頭をもった人は、どうしても索引によってしか内容にふれられないきらいがある。もし、索引が消失してしまえば、直接本文に接するほかはなくなる。経験や知識のナマの姿にふれることが真の経験理解に資するのならば、索引によっているより、索引を失った方がかえってよいということになる。

こう考えてくると、bことばは知識や経験をわれわれの頭の中へ運びこむのには不可欠の道具であるが、いったん頭に入ってしまったら、もうそのことばはご用済みである。忘れても差し支えない。

もちろん、インデックスとして残しておけば他日④サンショウ、すなわち、思い出す手がかりになって便利ではある。しかし、それが、われわれと本文との関係を間接的なものにするのだったら、かえってない方がよい。忘れた方がよいのである。

忘れてしまえば、ことばという※掩蔽(えんぺい)にさまたげられないで、ものごとに直接にふれることができるかもしれない。これこそ本当に生きることである。ことばの眼鏡を通じて見える世界を現実と混同する知識人の錯覚は、教育を受けた人たちが、あまりにもつよく記憶能力に依存した認識を行っていることに⑤キインするであろう。

ことばの忘却が忘却のすべてでないのはもちろんである。内容そのものの忘却もありうる。むしろ、この忘却の方が根本的である。

忘れると言っても１００パーセント忘れてしまうのではない。いわば精神の風土の中でおこる風化作用のようなものとも言えるが、もっと化学的な変化であると考えた方がよいかもしれない。記憶しているものも完全にもとのままが記憶されているのではない。覚えているつもりの小説の筋がいつのまにか変形していることもよくある。ここでも化学的変質の作用が無意識のうちにはたらいていることを想像させる。

ものを覚えるときの手続きは、まず、ことばによって機械的に頭に入れる。それで「頭に入った」ことになるが、まだ、不安定な状態である。ただし、思い出そうとすれば、再生は比較的に容易である。

頭に入ると共に変化がはじまり、重要な部分とそうでない部分とに区分けされるらしい。もちろん重要でないとされた部分から［E］がはじまる。ことばが忘れられて想起できなくなるのもこの段階である。しかし、まったく何の痕跡ものこさないほどに忘れることはきわめて難しい。

学習されるものは外来のものである。覚えただけのものはまだ借り物と言ってよい。それが頭の中で消化、同化作用を受けてはじめてc精神

問6　この作品のタイトルは『雨上がり』ですが、本文の冒頭から降り続いていた雨が途中で止(や)んでいます。この変化は、だれのどのような心理状態の変化を暗示していると考えられますか。次の［1］～［4］に当てはまる言葉を、それぞれの条件に従って答えなさい。

［1 人名］の、初めは［2 二字］感を感じていたが、和平を始め何人もの人が［3 十字以内］ことを知り、少しずつ［4 十五字以内］という変化。

問7　〰〰線部①の廣作の発言に対して、女将は〰〰線部②のように、和平が**龍也に仕事を教えた理由**を説明していますが、同じ仕事を**廣作には教えなかった理由**は何だと考えられますか。**本文全体をふまえて**、簡潔に説明しなさい。

【二】　次の文章を読んで、後の問いに答えなさい。

ものごとをよく記憶していることが頭のよさになる、という考え方の裏には経験主義がひそんでいる。なるべく多くの過去の情報を①蓄積していることが、生きて行くのにそれだけ大きな力を与える、それには頭に入れたした知識は手放さないようにしなくてはならない。とにかくもの覚えがよくなくてはならない、という考え方である。

ところが、文化にはこの経験主義ではどうにもならない分野のあることが認識されるにつれて、記憶の権威もすこしずつゆらいで来る。

伝統とか蓄積が成長の原動力とならずに、しばしば、②テイタイをまねくことに気づくと、[a]忘却の必要が認められるようになる。

忘れるとは一体何だろう。

一度学習した情報を、意志の力では回想したり再生したりできなくなる状態をさすとしてよい。情報というのは形式と内容に分かれるが、忘れるのは、情報の伝えられることばであることが多い。形式を忘れてしまっていても、内容であるものごとそのものは何らかの状態で頭に残っていることがある。この場合、それを引き出して来る手段であることば、名前が忘失されてしまっているために、情報内容そのものも忘れられたものと扱われることになりやすい。

忘れるのは主としてことばの問題である。

本当に理解されていることがらでも、それを表現することばが失われていれば、それは忘れられたことになる。はっきりしたことは覚えていないが、こんな感じだった、というようなとき、ありのままをはっきり覚えていて再現できる場合よりも、ときにはかえって深い理解であることもある。

われわれがものを覚えるのは、ものの名前、ものをあらわすことばを覚えることである。［A］はものごとをことばを手がかりにして頭の中へ引き入れる。したがって、もし［B］がものごとと直結していないと、ことばだけどんなに覚えてみても、ものごとの理解には一向に役立たないことがあるはずである。

しかし、多くの場合、［C］は大なり小なりものごとと結びつけられているから、ことばを覚えることがものごとを代償経験することになり、したがって、ものごとの理解につながるのである。

ここで、忘却というのは、まずことばについて起ることに再び注意をもどしたい。ことばがものごとと不離一体であるならば、ことばを忘れることはものごとそのものを忘れることになろうが、ことばとそれを表

来て、どうぞ召し上がってからお帰り下さいとのことです、と言って封筒を手渡した。廣作は茶と菓子を馳走になり、早々に屋敷を出た。

鎌倉に戻り、和平に乾家であったことを話した。和平は黙って廣作の話を聞いていた。そして話が終わると静かに言った。

「その茶をどこでおまえは飲んだ」

c庭の中央にある白いテーブルで馳走になった、と返答した廣作に、

「そんな時はd濡れ縁の端で頂くものだ」

顰めっ面をして、舌打ちした。

（伊集院 静『雨あがり』）

〈注〉

※1 奥さん……萬總堂の経営者。

※2 和平さん……廣作の仕事上の師匠。経師職人。

※3 女将さん……廣作がよく行く飲食店の経営者。

※4 サッちゃん……廣作の友達の一人。

※5 葉山……鎌倉の近くの地名。

※6 先代……萬總堂の前の経営者。経師職人。

※7 濡れ縁……屋外に面して、雨戸の外側に取り付けられた廊下のような部分。

問1 ――線部a「誰かに頬を叩かれている気がした」とありますが、これは廣作のどんな心理状態を暗示していますか。次の選択肢の中から最も適切なものを一つ選び、記号で答えなさい。

ア．龍也や、鎌倉の他の経師屋の若い衆と比べて、自分は和平から教えてもらっていることが少ないという不平。

イ．女将さんが、自分の気持ちを少しも理解してくれず、勝手な考えを押しつけてくることへの怒り。

ウ．三河屋の離れの仕事を、和平に言われたとおり丁寧にやったのに、少しも誉めてくれないことへの悲しさ。

エ．周囲の人が見守ってくれていることに気づかず、不平や劣等感を抱くのは間違いかもしれないという葛藤。

問2 ――線部b「乾は嬉しそうに頷いて仏間に廣作を通した」とありますが、乾は何が嬉しかったのですか。次の選択肢の中から適切なものを**全て選び**、記号で答えなさい。

ア．廣作が、書類をわざわざ葉山まで直接届けに来てくれたこと。

イ．自分が、妻の生前の予想どおり成長した廣作の姿を見届けられたこと。

ウ．廣作が、妻の仏壇を拝んでほしいとの願いを受け入れてくれたこと。

エ．自分が、三年も会わなかった廣作の名前を間違えずに覚えていたこと。

オ．廣作が、三年も前の妻の親切を忘れずに覚えていてくれたこと。

問3 [A]・[B]にあてはまる方角を表す漢字一字を、それぞれ答えなさい。

問4 [C]に当てはまる言葉として最も適切なものを、次の選択肢の中から一つ選び、記号で答えなさい。

ア．精神　イ．技術　ウ．歴史　エ．思想

問5 ――線部c「庭の中央にある白いテーブル」で茶を飲んだ廣作に対して、和平は、――線部d「濡れ縁の端」で茶を飲むように注意しています。このことから、和平の、職人という立場についてのどのような考え方が読み取れますか。簡潔に述べなさい。

どちらも絶妙な出来映えだった。廣作には正直、どちらが和平の仕事か判断がつかなかった。

「自分にはわかりません。すみません」

廣作が頭を下げると、乾が言った。

「もう一度、目を開いて、よく見てご覧」

振りむいた廣作に乾が笑って頷いた。

廣作はもう一度二面の襖を見つめた。

「こちらの方ではないかと……」

廣作はおそるおそる東側の襖を指さした。

「やはりな。修業とはいえ、三年という歳月は、それなりの重さがあるんだね。そのとおりだ。南の方は君の店の先代の仕事だ。こちらがたしかに和平の仕事だ。どちらも素晴らしい仕事をしてくれた。それでも私は和平の仕事の方を好んでいる。その理由がわかるかね？」

廣作は首を横に振って、わかりかねます、と正直に答えた。

「二十年前、二人がこの襖の仕事を終えた時、見た人はほとんどが先代の仕事の方を誉めた。書と下地の紙の選択、縁取りに使用した錦繍の帯……、すべてがまばゆいほどだった。和平の仕事は地味過ぎるという評価だった。しかし二十年の歳月が過ぎてみると、書が以前より鮮やかに浮かび上がりはじめたのが、和平の襖だった。なぜだかわかるかね？　それは先代の仕事には範があったからだ。絢爛には絢爛の習うべき型があるのだ。勿論、和平の仕事にも範はある。しかし、その範の大方は目に見えぬ襖の裏に隠れている仕事だ。それを和平はただ丁寧に仕上げただけだ。そこに和平だけしかできぬものがあったのだろう」

乾にそう言われて見直すと、たしかに A の襖の書は B と比べて鮮やかに映える。同じ書家の、それも同じ時期に書いた作品と思われるから、その違いがよくわかった。

「手本は手本の域を出ない。教えられたものも教えられた域を出ない。だとしたら人が人に教える、目に見えるものには限度があるということだ。そう考えると、人が人に教えられるのは C しかないんだよ。君たちの仕事なら、姿勢と言っていいかもしれない。 C は手を取って教えられないからね。私はそれを和平から学んだ気がするんだ。どうだね？　仕事は辛いかね」

「は、はい。つ、辛いと思ったことは一度もありません」

「そうか、亡くなった家内が君の成長を楽しみにしていた。あれで家内は人を見る目は、私などよりたしかだったからね。お茶が用意してあるから庭に出よう」

廣作は先に部屋を退いて、庭に出た。雨が止んでいた。

今しがた乾の話したことは難しくてよくわからなかった。ただ、手を取って教わるものではない、という言葉だけが耳に残った。

そう言えば、二年前、龍也から布地の裁断の要領を教わったことがあった。龍也が教えてくれた裁断は、和平のやり方より早かった。最後のかたちは同じに見えた。そのやり方で裁断して和平に持って行った時、ひどく叱られたことがあった。

「つまらないことを覚えるんじゃない」

和平が廣作に初めて見せた憤怒の顔だった。

――旦那さんの話は、あの時のことと何か関わりがあるのだろうか……。

廣作が思いにふけっていると、菓子を盆に載せて先刻の女性がやって

「和平さんはね、あなたが鎌倉に来てから深酒をしなくなったのよ。あんなに好きなお酒を半分に減らしてんのよ。もう六十歳を過ぎた人が楽しみを我慢するって大変なのよ」

「そ、それはどういうことなの？」

「それは廣作君が自分で考えなさい。あなたは知らなくとも、皆があなたのことを見てくれてることに少しは気付かなくちゃ……。サッちゃん[※4]だって、そうよ。夕方からあなたをずっと待ってたんだから……。私も若い時はそうだったけど、人間は一人ぽっちなんかじゃないのよ。あなたの目には見えないところで、あなたのことを見守ってくれている人は何人もいるのよ……」

廣作は、その夜、店を出て由比ヶ浜を一人で歩いた。

雨は小降りになっていた。海は荒れていた。傘を閉じて歩くと、雨とも波の飛沫（しぶき）ともつかぬものが頬に当たった。a<u>誰かに頬を叩（たた）かれている気がした。</u>

――あなたの目には見えないところで、あなたのことを見守ってくれている人は何人もいるのよ。

先刻、女将が言った言葉が耳の奥に聞こえた。

「見えないところか……」

廣作は沖合いを睨（にら）んで呟（つぶや）いた。

《中略部分のあらすじ》　まだ雨の続く翌週、廣作は和平に言われて、葉山[※5]の乾（いぬい）家に、封筒を届けに行った。乾家は、廣作が初めて外での仕事に和平に連れられていった屋敷だった。そこで廣作は、乾家の主人から、二十年前の、和平と萬總堂[※6]の先代の仕事を見るように勧められた。

廣作は濡れ縁[※7]に上がり、乾の後に続いて廊下を歩いた。線香の匂いがした。途中、開け放った部屋から、燈明（とうみょう）の点（とも）った仏壇が見えた。乾の目がちらりと仏壇にむいて、立ち止まった。

「廣作君と言うたかな」

「は、はい」

「家内の仏壇を拝んでくれるか」

乾の妻は今年の二月に他界していた。

「あれは君がここに和平さんと仕事に来るのを楽しみにしておった」

「……、ぜひ拝ませて下さい。三年前にこちらに伺った時、美味（おい）しい茶菓子を頂戴したのをよく覚えています」

「そうか……」

b<u>乾は嬉（うれ）しそうに頷（うなず）いて仏間に廣作を通した。</u>

遺影には、仕事休みに茶と菓子を運んで貰（もら）った折に見た、奥方のやさしそうな笑顔があった。奥方が自分を見ていてくれていたとは廣作は思いもしなかった。目を閉じて手を合わせた。

仏間を出て、奥の間に入ると、そこには見事な書が二面にわたって襖（ふすま）貼りにしてあった。この部屋に入るのは初めてであった。

東と南面に同じ書家の作品と思われるものが対になって並んでいた。

どちらもかなりの年数が経（た）っていた。

「どちらが和平の仕事だと思うかね？」

乾に言われて、廣作は会釈をして襖に近づいた。

「もう二十年も前の仕事だ」

乾の声を聞きながら、廣作は東と南のそれぞれ四枚の襖を見比べた。

【国　語】（五〇分）〈満点：一〇〇点〉

【注意】 一．解答に字数制限がある場合は、句読点や「　」等の記号も一字として数えます。
二．作問の都合上、原文の一部を省略したり、表記を改めた部分があります。

【一】 次の文章を読んで、後の問いに答えなさい。

《これまでのあらすじ》　主人公の廣作（こうさく）は、地方から鎌倉に出てきて、〝萬總堂（まんそうどう）〟という経師屋（きょうじや）（襖（ふすま）や障子を貼ったり、書画を額や掛け軸などに仕立てる仕事をする店）で見習い職人として働いて三年目になる。同じ頃に見習い職人として店に入った龍也（たつや）は、既に独立して東京で働くようになった。ある日、仕事を終えた廣作は、なじみの店に食事に行った。

客は廣作一人になり、雨音が聞こえてきた。

「どうしたの？　元気がないわね」

「べ、別に……」

「龍也君がいなくなって淋（さび）しいわね」

「……」

「いい競争相手だったものね」

「そ、そんな、龍也の方が、俺なんかよりずっと腕はいいし、奥さん※1も、そ、それから和平さん※2も気に入ってたんだ」

廣作は怒ったように言い返した。

「奥さんはわからないけど、和平さんはあなたたち二人を別（わ）け隔てする人じゃないわ」

「ち、違うよ。女将（おかみ）※3さんは、な、何もわかってないんだ。①和平さんは龍也に教えても、俺には、今もまだ教えてくれない仕事が、た、たくさんあるんだ」

廣作のむきになった言いように、女将が洗い物の手を止めて、廣作を見つめた。廣作はばつが悪くなってうつむいた。

「②それは、龍也君が店を出て行くのを和平さんが知っていたからよ」

「えっ」

廣作は顔を上げた。女将は手元を見たままぽつぽつと話しはじめた。

「三河屋さんのご隠居さんの離れの襖はあなたがやったんでしょう。ご隠居さん、誉（ほ）めていたって話よ。〝萬總堂〟の職人の仕事はさすがに丁寧だって……。店に来た三河屋さんの人が言ってたわ。私、鼻が高かったわ。この話を和平さんにしたら、それは偶然だろうって。誉めてたって話、廣作さんにはするんじゃないって和平さんは言ってたけど、少しは誉めて貰（もら）わないとね。やり甲斐（がい）がないものね。和平さんは自分のことも身内も決して良く言う人じゃないから……」

三河屋の離れの襖の貼り替えは、去年の暮れのあわただしい時に急に入った。廣作は和平に呼ばれて、初めて出仕事を一人でした。

――いいか、離れは伏せってらっしゃるご隠居さんの部屋だ。普通の人が見えないところに目がいく。いつも以上に丁寧にやるんだぞ。

仕事の段取りを言われた時、和平に釘（くぎ）を刺された。和平の言葉の意味が廣作にはわからなかったが、言われたとおり丁寧に仕事をしてきた。

「そ、そんでも俺には、鎌倉の他の経師屋の若い衆が教えて貰（もら）ってることの半分も、教えてはくれない」

不平を言う廣作の言葉が聞こえないかのように女将は話を続けた。

2023年度

解　答　と　解　説

《2023年度の配点は解答欄に掲載してあります。》

＜数学解答＞

1　(1)　$x=1$, $y=1$　(2)　$3a(x+1)(x-6)$　(3)　14　(4)　$0 \leqq y \leqq 9$　(5)　5

2　(1)　2：1　(2)　3：1　(3)　3：5

3　(1)　12通り　(2)　$\frac{1}{12}$　(3)　$\frac{5}{32}$

4　(1)　$b=4$　(2)　6　(3)　$(-2,\ 8)$, $(3,\ 18)$

5　(1)　$4\sqrt{3}$　(2)　15°　(3)　4：3

6　(1)　$18\sqrt{3}$　(2)　$2\sqrt{3}$　(3)　$\frac{21\sqrt{17}}{2}$

○推定配点○

各5点×20　計100点

＜数学解説＞

基本　1　(連立方程式，因数分解，数の性質，関数，空間図形)

(1)　$8x-3y=5$…①，$-3x+5y=2$…②　①×5＋②×3より，$31x=31$　$x=1$　これを②に代入して，$-3+5y=2$　$5y=5$　$y=1$

(2)　$3ax^2-15ax-18a=3a(x^2-5x-6)=3a(x+1)(x-6)$

(3)　$126=2\times3^2\times7$より，$2\times7=14$をかければ題意を満たす。

(4)　$y=x^2$において，$x=0$のときyの最小値は$y=0$，$x=3$のときyの最大値は$y=3^2=9$　よって，yの変域は，$0 \leqq y \leqq 9$

(5)　円すいの高さをhとすると，$\frac{1}{3}\pi\times3^2\times h=12\pi$　$h=4$　よって，母線の長さは，$\sqrt{3^2+4^2}=5$

2　(平面図形の計量)

基本　(1)　AD//BCだから，平行線と比の定理より，AE：EM＝AD：BM＝BC：$\frac{1}{2}$BC＝2：1

重要　(2)　直線ADと直線BNとの交点をGとすると，AG//BCだから，DG：BC＝DN：NC＝1：2　よって，AF：FM＝AG：BM＝$\frac{3}{2}$BC：$\frac{1}{2}$BC＝3：1

重要　(3)　直線AMと直線DCとの交点をHとすると，AB//DHだから，AB：CH＝BM：MC＝1：1　よって，BF：FN＝AB：HN＝AB：$\left(\text{AB}+\frac{2}{3}\text{AB}\right)$＝3：5

基本　3　(場合の数，確率)

(1)　色の組み合わせは，(赤赤青)(赤赤黄)(赤青黄)で，どの部分に塗るかで，それぞれ3通り，3通り，$3\times2\times1=6$(通り)あるから，全部で，$3+3+6=12$(通り)

(2)　題意を満たすのは1通りだから，(1)より，求める確率は$\frac{1}{12}$

(3)　カードの取り出し方は全部で$4\times4\times4=64$(通り)　このうち，3つの部分がすべて赤，青，黄になる場合は，それぞれ$2\times2\times2=8$(通り)，$1\times1\times1=1$(通り)，1通りあるから，求める確率は，$\frac{8+1+1}{64}=\frac{5}{32}$

4　(図形と関数・グラフの融合問題)

基本　(1)　$y=2x^2$に$x=2$を代入して，$y=2\times2^2=8$　よって，B(2，8)　$y=2x+b$は点Bを通るから，$8=2\times2+b$　$b=4$

基本　(2)　$y=2x^2$と$y=2x+4$からyを消去して，$2x^2=2x+4$　$x^2-x-2=0$　$(x-2)(x+1)=0$　$x=2$，-1　よって，A(−1，2)　C(0，4)とすると，$\triangle OAB=\triangle OAC+\triangle OBC=\frac{1}{2}\times4\times1+\frac{1}{2}\times4\times2=6$

重要　(3)　D(0，12)とすると，$\triangle OAB:\triangle DAB=OC:CD=4:(12-4)=1:2$より，DP//ABのとき，$\triangle PAB=\triangle DAB$となり，題意を満たす。直線DPの式は$y=2x+12$だから，$y=2x^2$と$y=2x+12$から$y$を消去して，$2x^2=2x+12$　$x^2-x-6=0$　$(x+2)(x-3)=0$　$x=-2$，3　よって，$y=2x^2$に$x=-2$，3をそれぞれ代入して，$y=8$，18　したがって，点Pの座標は，(−2，8)，(3，18)

5　(平面図形の計量)

重要　(1)　ACは直径だから，$\angle ABC=90°$　また，$\angle BAC=30°$だから，$AB:AC=\sqrt{3}:2$　よって，$AB=\frac{\sqrt{3}}{2}AC=\frac{\sqrt{3}}{2}\times(4\times2)=4\sqrt{3}$

基本　(2)　円周角の定理より，$\angle BOC=2\angle BAC=60°$　$\angle COE=2\angle CBE=2\times\frac{1}{2}\angle ABC=90°$　よって，$\angle BOE=60°+90°=150°$　OE=OBだから，$\angle OED=(180°-150°)\div2=15°$

重要　(3)　△ODEと△FDBにおいて，$\angle DOE=\angle DFB=90°$　対頂角だから，$\angle ODE=\angle FDB$　2組の角がそれぞれ等しいので，$\triangle ODE\backsim\triangle FDB$　ここで，△ABFは内角が30°，60°，90°の直角三角形だから，$BF=\frac{1}{2}AB=2\sqrt{3}$　よって，$\triangle ODE:\triangle FDB=OE^2:FB^2=4^2:(2\sqrt{3})^2=16:12=4:3$

6　(空間図形の計量)

重要　(1)　切り口の図形は正三角形ACFで，$AC=\sqrt{2}AB=6\sqrt{2}$　1辺aの正三角形の高さは$\frac{\sqrt{3}}{2}a$で表せるから，正三角形ACFの面積は，$\frac{1}{2}\times6\sqrt{2}\times\frac{\sqrt{3}}{2}\times6\sqrt{2}=18\sqrt{3}$

重要　(2)　三角錐B−ACFの体積は，$\frac{1}{3}\times\triangle ABC\times BF=\frac{1}{3}\times\frac{1}{2}\times6^2\times6=36$　また，$\frac{1}{3}\times\triangle ACF\times BP=6\sqrt{3}BP$　よって，$BP=\frac{36}{6\sqrt{3}}=2\sqrt{3}$

やや難　(3)　点Fを通る線分MNに平行な直線をひき，直線HE，HGとの交点をそれぞれX，Yとし，直線XMと直線YNとの交点をZとする。さらに，直線XMと辺AEとの交点をP，直線YNと辺CGとの交点をQとすると，切り口の図形は五角形MPFQNである。このとき，MN//PQ//XYより，$MN:PQ:XY=1:2:4$であるから，$\triangle ZMN\backsim\triangle PXF(\equiv\triangle QFY)\backsim\triangle ZXY$となり，$\triangle ZMN:\triangle PXF:\triangle ZXY=1^2:2^2:4^2=1:4:16$　よって，五角形MPFQN

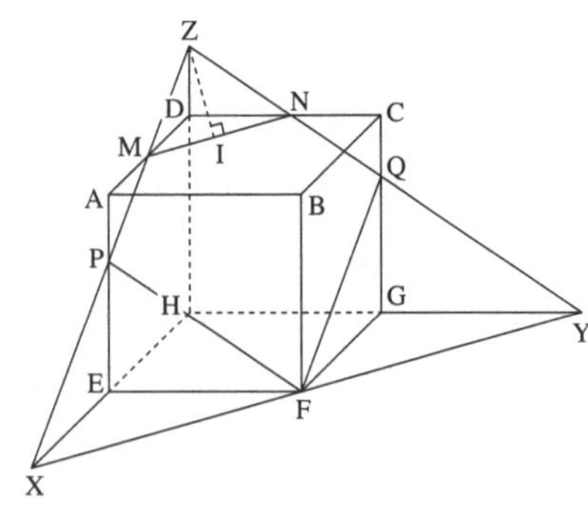

の面積は，△ZMNの面積の16－1－4×2＝7(倍)となる。ZD：ZH＝1：4より，$ZD=\frac{1}{3}DH=2$

よって，$ZN=ZM=\sqrt{2^2+3^2}=\sqrt{13}$　また，$MN=\frac{1}{2}AC=\frac{1}{2}\times 6\sqrt{2}=3\sqrt{2}$　△ZMNにおいて，

ZからMNにひいた垂線をZIとすると，$ZI=\sqrt{ZM^2-MI^2}=\sqrt{(\sqrt{13})^2-\left(\frac{3\sqrt{2}}{2}\right)^2}=\frac{\sqrt{34}}{2}$　したがって，

$\triangle ZMN=\frac{1}{2}\times 3\sqrt{2}\times\frac{\sqrt{34}}{2}=\frac{3\sqrt{17}}{2}$より，五角形MPFQNの面積は，$\frac{3\sqrt{17}}{2}\times 7=\frac{21\sqrt{17}}{2}$

★ワンポイントアドバイス★

出題構成や難易度に大きな変化はない。6 (3)を除くと，取り組みやすい内容の問題であるから，ミスのないように慎重に解いていこう。

＜英語解答＞

1　① Friday　② music　③ 2　④ show

2　1 A　2 A　3 B

3　1 C　2 A　3 D

4　(・電子書籍は)いつでも，どこでも購入し，読むことができる(ので便利)
(・紙の書籍は)2，3冊同時に開き，異なる情報を簡単にチェックできる
(・私は)紙の本(のほうが好き)

5　問1 (She encouraged him to) carry water for his family　問2 sat
問3 Ⅰ B　Ⅱ A　Ⅲ D　Ⅳ C　問4 イギリス風にデザインし，東北のレンガや木材など国産の材料を用いた　問5 symbol　問6 B，D

6　問1 ④　問2 バスなどの時刻表を気にせず行動できるから　問3 C　問4 ⑦
問5 C

7　(例) I have breakfast every morning. I do so because I can stay healthy. I try to get up at 6 in order to have enough time to eat breakfast. Thanks to this, I can stay focus on studying.

○推定配点○

1～4 各2点×13　5 各5点×10　6 各4点×5　7 4点　計100点

＜英語解説＞

1 (リスニング問題)

Okay, as you know, we're going to have a presentation next Friday. The topic is "My Favorite Music." On that day, each of you will speak for 2 minutes, and you have to show a poster. So, please get ready.

オッケイ，みんなも知っているように，私たちは次の金曜日にプレゼンテーションを行う予定です。テーマは「私の好きな音楽」です。当日は，各自2分間のスピーチを行い，ポスターの提示をしてもらいます。よって，準備をお願いします。

スライド

プレゼンテーションをしよう！
日：次の①金曜日
話題：私の好きな②音楽
・③2分間話すこと
・ポスターを④見せること

2 （リスニング問題）

(1) This pie chart shows that more than half of the people answered “YES”.
(2) In this graph, the number is getting larger and larger.
(3) In this bar graph, Apple has the largest number among 4 fruits, but just a little larger than Orange.
(1) この円グラフは，半数以上の人々が「はい」と答えたことを表している。
(2) このグラフでは，数字は次第に大きくなっている。
(3) この棒グラフでは，リンゴが4つの果物の中で一番大きい数字だが，みかんより少しだけ大きいだけだ。

3 （リスニング問題）

B：May I help you?
A：I'd like to see a “smart dog.” I hear it's a kind of pet.
B：Yes. This robot can do many more things than a pet.
A：What can it do?
B：It tells you time, weather, and temperature. It also says, “Good morning” or “Good night.”
A：Wow! Anything else?
B：It can understand your feelings, and then show a happy or sad face.
A：Really? How's that possible?
B：It has an AI system. It learns your conversations to communicate with you.
A：Amazing! But is it difficult to take care of?
B：Don't worry. You only have to charge it. It's easy.
A：Great!
B：It will be your good friend.
A：How much is it?
B：It's 50,000 yen.
A：Hmm… It's a little expensive. I will discuss it with my mother.
B：Hope to see you again soon!

Q1：Why did the woman come to this shop?
A. To help her pet　B. To buy a dog
C. To see a robot　D. To change her robot

Q2：What is one thing that a smart dog CAN do?
A. Greet its owner　B. Have feelings
C. Charge by itself　D. Calculate money

Q3：What will the woman do next?
A. She will take care of it.　B. She will be a good friend.
C. She will pay for it.　D. She will take to her mother.

A：いらっしゃいませ。
B：「スマートドッグ」を見たいです。ペットの一種だと聞いています。
A：はい。このロボットはペットよりも多くのことができます。
B：何ができるのですか。
A：あなたに時間，天気，そして気温を伝えます。また，「おはようございます」や「おやすみなさい」とも言います。
B：おお！　他に何かできますか。
A：あなたの気持ちを理解して，うれしかったり悲しかったりする顔を見せます。
B：本当ですか？　どうしてそれが可能なのですか。
A：AIシステムを搭載しています。あなたとコミュニケーションをとるためにあなたの会話を学びます。
B：驚きですね！　でも面倒をみるのは難しいですか？
A：心配ご無用です。ただ充電するだけです。簡単です。
B：すばらしい！
A：あなたのよい友達になると思います。
B：いくらですか。
B：5万円です。
A：んんん…少し高いですね。母と相談します。
B：またすぐご来店頂けることをお待ちします。

Question 1 「女性はなぜこの店に来たか。」
A　ペットを助けるため　B　犬を買うため
C　ロボットを見るため　D　ロボットを交換するため

Question 2 「スマートドッグができる1つのことは何か。」
A　所有者に挨拶する　B　感情を持つ
C　自分自身で充電する　D　お金を計算する

Question 3 「女性は次に何をするか。」
A　それを世話する　B　よい友だちになる
C　それの支払いをする　D　母親と話す。

4 （リスニング問題）

I think both e-books and paper books have good points.
E-books are convenient. You can buy and read them anytime and anywhere.
You don't have to go to a library or bookstore.
Paper books are useful for learning. When I do my homework, I can open 2 or 3 books at the same time. I can check different information easily.
Both have merits, but personally, I like paper books better than e-books.
電子書籍も紙の本もそれぞれ良いところがあると思います。
電子書籍は便利です。いつでもどこでも購入して読むことができます。
図書館や本屋に行く必要はありません。
紙の本は学習に役立ちます。宿題をするとき，同時に2冊か3冊の本を開くことができます。さまざまな情報を簡単に確認できます。
どちらも長所がありますが，個人的には電子書籍よりも紙の書籍の方が好きです。

5 （長文読解問題・説明文：語句整序，語形変化，語句補充，内容吟味）

（全訳） 辰野金吾は1854年に佐賀県唐津市で生まれた。子供の頃，母親は彼がどんな困難も乗り越え，目標を達成できるほど強くなってほしいと願っていた。(1)彼女は彼に毎日家族のために水を運ぶように勧めた。彼は，家から200メートル離れた井戸に1日に5，6回行かなければならなかった。それをした後，彼は机に座って夜遅くまで勉強した。

明治時代に入ると，唐津藩はヨーロッパの文化を紹介するために英語学校を設立した。金吾は英語を学び，ヨーロッパの学術研究に興味を持つようになった。彼はⅠ一生懸命勉強すれば将来成功できると思っていた。彼は，1873年に政府によって設置された大学の第1回入学試験を受けた。彼は新入生の最下位で合格し，建築の勉強を始めた。

金吾は，他の人の2倍，3倍の努力をしなければならないと思った。実際，彼は6年間一生懸命勉強を続け，最高の成績で卒業した。1880年，最優秀卒業生としてヨーロッパ建築を学ぶために英国に招かれた。滞在中の3年間，彼はいつもスケッチブックを持ち歩いた。彼は美しい建物を見るたびにスケッチをした。Ⅱ彼は日本に帰ってからもそれが使えると思った。

帰国後，辰野は教育者，独立した建築家として熱心に働き始めた。彼はⅢ建築の分野で日本を近代化する方法を考えた。彼は，力強く美しい建物を設計することによって，古い江戸の町を東京という新しい都市に変えたかった。彼は西洋の技法を用いて，新しいスタイルの建築を生み出した。

日本銀行本館は辰野にとって初めての大仕事だった。彼は，Ⅳこの建物は地震に耐えられるほど強くなければならないと考えた。彼は地面を深く掘り，強固な土台を作った。幾多の苦難に見舞われた末，1896にバロック様式の石造りの建物が完成した。

辰野の最高の作品は，日本の美を備えた非常に強力な建物である(4)中央駅だ。彼は，この建物は東京のシンボルであり，東京の他の建物と調和するべきだと考えた。彼はこの建物を英国のデザインに基づいて設計し，レンガや東北地方の木材などの日本の素材を使用した。それは彼が苦難を乗り越えた後の1914年に完成した。彼の建築は後に「辰野式」として知られるようになった。

1919年，辰野はスペインかぜの大流行で死亡した。彼は亡くなるまで，建築について働いたり考えたりすることを止めなかった。東京だけでなく，北海道，大阪，故郷の佐賀・唐津にも辰野様式の建築物を数多く残した。100年以上の時を経た現在，彼の建物の多くは天災や戦争をくぐり抜け，それぞれの町の⑤シンボルとなっている。

問1 〈encourage A to ～〉は「Aに～することをすすめる」という意味を表す。

基本 問2 過去の出来事を表すので，sit を過去形にする。

問3 全訳参照。

問4 直後の内容を使ってまとめる。「英国のデザインに基づいて設計し，レンガや東北地方の木材などの日本の素材を使用した」とある部分を使う。

問5 東京以外にも，北海道，大阪，佐賀で建物が作られており，それぞれの地域の代表的な建築物になっていることから考える。

重要 問6 A 「建築家はヨーロッパのデザインを学ぶ必要がある。」 辰野はヨーロッパで学んだが，すべての建築家がヨーロッパのデザインを学ぶ必要があるとは書かれていないので，誤り。

B 「建物が街の一部であることは重要だ。」 中央駅について，「東京の他の建物と調和するべきだと考えた」とあるので，答え。 C 「建物は丈夫さよりも美しいことが重要だ。」 辰野は地震に耐えられる建物を目指したので，誤り。 D 「他の人が1つのことをするとき，私は2つまたは3つのことをする。」 辰野が大学で学んだときの姿勢に合うので，答え。 E 「他の人が困っているときは，私はできるだけ早く助けに行く。」 文中に書かれていない内容なので，誤り。

F 「何か困ったことがあれば，私は助けを求める。」 文中に書かれていない内容なので，誤り。

6 （会話文問題：語句補充，内容吟味）

トオル：ぼくたちの旅行計画について話そうよ。ところで，どうして広島に行きたいの？

マイク：インターネットでとても興味深い写真を見つけたんだ。広島の旧市街のカラー写真だったよ。でも驚くべきことに，それらはもともと白黒だったんだね。1945年に原爆が投下される前に撮影されたものなんだよ。

トオル：テレビで写真を見たよ。広島の日本人の高校生が，AI技術を使って色を付けたんだね。

マイク：ぼくは本当の場所を見たいよ。

トオル：なるほど。ここに広島ガイドマップがあるよ。ぼくたちは早朝にそこに着くんだ。

マイク：その通りだね！　まずどこに行こうか？

トオル：まず歴史的な場所に行くべきだと思うな。戦争中の広島で何が起こったのかを知ることができるからね。

マイク：オッケイ。じゃあ午前中に(1)④へ行こう。

トオル：いいね。そこは徒歩で行けるよ。

マイク：そうだね，お城も見たいな。

トオル：オッケイ！　それはとてもきれいだよ。それから，その周辺の他の魅力的な場所を訪れることもできるよ。

マイク：すごいね！　できるだけ多くの場所に行きたいな。

トオル：バスか路面電車で市内をまわることができるよ。でも，それらはあまり便利じゃないね。ぼくたちは常に時刻表を気にしないといけないからね。

マイク：えっと，(2)自転車を借りようよ。そうすれば，時間はあまり気にしなくてすむから。

トオル：なんていいアイデアだ！

マイク：ところで，どこで昼食を食べる？

トオル：そうだな，地図の(3)南東に有名な商店街があるよ。そこではおいしい郷土料理がたくさん見つかるんだ。

マイク：お城に行く前に行こうよ！

トオル：いいね。

マイク：ねえ，この計画にぼくはとても興奮しているよ。たくさん写真を撮ってSNSでシェアしたいね。

広島ガイドマップ

① 城
1957年に再建された

② 美術館
現代のヨーロッパ絵画

③ インフォメーションセンター
ガイドマップ・チケット・ホテル

④ 平和記念資料館
戦前戦後の広島の歴史

⑤ 縮景園
日本庭園，無料の自転車駐輪場

⑥ 県立美術館
定期的に面白いイベントを提供します

⑦ 商店街
お土産と地元の食べ物

⑧ ラ　パンセ
女性の彫像，よい写真スポット

問1 「歴史的な場所に行くべきだと思うな。戦争中の広島で何が起こったのかを知ることができる」とあるので，④が答え。

問2 直前に「ぼくたちは常に時刻表を気にしないといけない」とあり，直後に「時間はあまり気にしなくてすむ」とあるので，この内容を使ってまとめる。

問3 地元の食べ物があるのは⑦の商店街である。地図上では「南東」にあたる。

問4　平和記念資料館のあと城に行くと一度言ったあと，昼食を食べてから城に行くと変えているので，平和記念資料館のあとに行くのは⑦の商店街である。

基本　問5「マイクはなぜ広島に興味をもったのか。」A「彼はトオルから多くの情報を学んだから。」広島に行きたい理由にはならないので，誤り。　B「彼はバスや路面電車で多くの場所を訪ねたかったから。」文中に書かれていない内容なので，誤り。　C「彼は以前その町のカラー化された写真を見て驚いたから。」マイクは「インターネットでとても興味深い写真を見つけた」と言い，その場所を見たいとも言っているので，答え。　D「彼はSNSで美しい広島の写真を見せたいから。」マイクが最後に思ったことなので，誤り。

7　(条件英作文)

文の数など与えられている条件をよく守って書くように心がける。また，スペルミスや文法上のミスなどは減点対象になるので，注意したい。抽象的な内容ばかりでなく，なるべく具体的な内容を考えて書くようにする。選択肢：「朝食をとる」「運動をする」「よく眠る」

★ワンポイントアドバイス★

5　問1では，〈encourage A to ～〉が使われている。同じ形のものとして〈tell A to ～〉(Aに～するように言う)，〈ask A to ～〉(Aに～するよう頼む)がある。これらは入試などでよく使われるので，覚えておこう。

<国語解答>

【一】　問1　エ　問2　ウ・オ　問3　A　東　B　南　問4　ア　問5　(例)　職人というものは，目立たない存在でなければならないという考え
問6　1　廣作　(例)　2　劣等[孤独]　3　自分を見守っている　4　自分の成長に気づき始めた　問7　(例)　廣作には，要領のよい仕事のやり方ではなく，丁寧に仕事をする姿勢を身につけさせたかったから。

【二】　問1　①　ちくせき　②　停滞　③　さくいん　④　参照　⑤　起因
問2　イ　問3　ア　問4　エ　問5　エ　問6　忘却　問7　生命の源泉
問8　(例)　(記憶は)精神における表層部分であり，忘れる過程を経て精神の深層部分に残るものが個性などをつくるから。　問9　ア　問10　(例)「忘れる」ことには過去にとらわれなくなるという利点がある。友人とけんかをしていたことを忘れていたことで，その友人とは普段通り話をすることができただけでなく，けんかの原因となった誤解を解くこともできた。「忘れる」ことによって過去にとらわれず，新たな人間関係を築くことができるともいえる。(142字)

【三】　問1　a　あやしゅう　b　きわまりて　c　こうして　問2　早朝　問3　ウ
問4　イ　問5　(例)　だんだんと日も暮れる頃になった。　問6　我は左京の～けるなめり

○推定配点○

【一】　問3・問4　各2点×3　問5・問7　各5点×2　他　各3点×6(問2完答)

【二】　問1　各2点×5　問8　5点　問10　10点　他　各3点×7

【三】　問1・問2　各2点×4　他　各3点×4　計100点

＜国語解説＞

【一】（小説―情景・心情，内容吟味，脱語補充）

問1　――線部a直後で「――あなたの目には……」という女将の言葉を思い返しながら「『見えないところか……』」と呟いていることからエが適切。a直後の描写をふまえていない他の選択肢は不適切。

問2　――線部b前後で「『家内の仏壇を拝んでくれるか』」という頼みを廣作が快く受け入れ，乾の妻のことを「『三年前にこちらに伺った時，美味しい茶菓子を頂戴したのをよく覚えています』」と話していることから，ウとオが適切。b前後の廣作の言動をふまえていない他の選択肢は不適切。

基本　問3　Aは以前より「鮮やかに映える」襖なので，和平の仕事である「東」の襖，BはAとは逆，すなわち先代の仕事である「南」の襖である。

問4　Cは「『目に見えるもの』」ではなく「『姿勢と言』」えるもので「『手を取って教えられない』」ものということを乾は話しているので，心や心の働きという意味のアが適切。

重要　問5　――線部cのような目立つ場所ではなく，――線部dのような目立たない場所で，出された茶と菓子を頂くものだ，ということを和平は話しているので，cとdの場所の違いから和平の職人という立場についての考え方を簡潔に説明する。

問6　本文を整理すると，主人公の「廣作」(＝1)が，同じ見習いで腕がいい龍也が独立したことで「劣等(あるいは「孤独」)」(＝2)感を感じ，なじみの店の女将に不平を言っていたが，女将が「『あなたの目に見えないところであなたのことを見守ってくれている人は何人もいるのよ……』」と話してくれたことで「自分を見守っている(9字)」(＝3)ことを知ったということが描かれている。また，乾から「『亡くなった家内が君の成長を楽しみにしていた』」という話を聞いた後で「雨が止んでいた」と描かれていることから，4には「自分の成長に気づき始めた(12字)」というような内容が当てはまる。

やや難　問7　「そう言えば，……」で始まる場面で，廣作は和平のやり方より早い裁断の要領を龍也に教わり，そのやり方で裁断したものを和平に持って行った時，「『つまらないことを覚えるんじゃない』」とひどく叱られたことが描かれていることをふまえ，「廣作には，要領のよい仕事のやり方ではなく，丁寧に仕事をする姿勢を身につけさせたかったから」というような内容で，龍也と同じ仕事を廣作には教えなかった理由を簡潔に説明する。

【二】（論説文―大意・要旨，内容吟味，文脈把握，脱語補充，漢字の読み書き）

基本　問1　═══線部①はたくさんたくわえること。②は物事がとどこおってはかどらないこと。③は特定の内容を素早く見つけるための項目，見出しのこと。④は照らし合わせて参考にすること。⑤は物事の起こった原因。

問2　――線部a直前の段落で述べているように「文化にはこの経験主義ではどうにもならない分野のあることが認識されるにつれて，」aのようになるということなのでイが適切。a直前の内容をふまえていないア，ウは不適切。エの「伝統や蓄積が成長の原動力である」も不適切。

問3　Aは「ものの名前，ものをあらわすことばを覚えること」なので「記憶」が入る。B・Cは「ものごとと直結してい」るもの，「ものごとと結びつけられている」ものなので，いずれも「ことば」が入る。

問4　Dは「ことばとそれを表すものごと」の関係で，直後で「ことばは忘れても内容は忘れていないことがあり得る」と述べているので，分けることができるという意味のエが入る。アは常識では考えられないこと。イは再びもとの状態にもどれないさま。ウは身分や能力にふさわしくないこと。

問5　――線部b直前の段落で「記憶がよくて，すべてのことを覚えてい」る人は，ことばという「索引によってしか内容にふれられない」傾向があり，「経験や知識のナマの姿にふれることが真の経験理解に」役立つのなら「索引を失った方がかえってよいということになる」と述べていることを根拠にbのように述べているのでエが適切。b直前の段落内容を踏まえていない他の選択肢は不適切。

問6「ものを覚える……」から続く3段落では「忘却」について述べており，E直後で，ことばが「忘れられ」ることについて補足していることからも，Eには「忘却」が入る。

問7　――線部c直後の段落で，忘却過程を経てcとなったものが「生命の源泉(5字)」として深層の精神の中へ沈降して横たわる，ということを述べている。

やや難　問8　――線部dまでを整理すると，ものを覚える，すなわち記憶はことばによって機械的に頭に入れること→頭に入ると重要でない部分が忘れられる→忘却過程を経たものが深層の精神に沈降する，ということである。これらの内容をふまえ，忘れる過程前の「記憶」は精神の「表層」部分であり，忘れる過程を経て「深い自我」すなわち「深層」部分でその人の個性などを形成するから，というような内容でdの理由を説明する。

重要　問9　アは冒頭の段落で述べている。イは「ここで，忘却……」で始まる段落内容，ウは「ただ，その内容を……」で始まる段落内容に合わない。エの「100パーセント……」以降，オの「何の痕跡も……」以降もそれぞれ述べていない。

重要　問10　解答例では，自分の体験をもとに「忘れる」ことの利点について述べている。「忘れる」ことでどのような良い点があるか，人間関係や自分自身の考え方の変化など，具体的な事例を思い返しながら条件にしたがって説明していこう。

【三】（古文―内容吟味，文脈把握，口語訳，仮名遣い）

〈口語訳〉　今となっては昔のことだが，三条院が八幡へ行幸なさった時に，左京職の，邦の俊宜という者がお供をしていたところ，長岡の寺戸という所を通る時に，人々が，「この辺りには人を迷わす神がいるそうですよ」と言いながら通る時に，「俊宜も，そのような話は聞いたことがあるぞ」と言って行くうちに，先にも進まず，日も次第に傾いていくので，今は山崎の辺りまでは行き着いているはずだが，不思議なことにまた同じ長岡の辺りを過ぎて，乙訓川のほとりを通ったかと思えば，また寺戸の岸を上って行く。寺戸を過ぎてまたどんどん行って，乙訓川のほとりへ来て渡るぞと思うと，また前に通った桂川を渡る。

だんだんと日も暮れる頃になった。後方を見ると，誰一人も見えなくなった。前後に遥かに続いていた人も見えない。夜も更けてきたので，寺戸の西の方にある板ぶきの家の軒下にいて，夜を明かして，早朝思うには，「私は左京職の役人だ。(昨夜は)九条で泊まるはずだったのに，ここまで来たようで，まったくつまらないことだ。それに同じ所を一晩中歩き続けたのは，九条の辺りから人を迷わす神に取り憑かれ，それを連れてきているのを知らないで，こんなことになったのだろう」と思って，明けてから西京の家に帰って来たのであった。俊宜が確かに語った事である。

基本　問1　歴史的仮名遣いの「イ段＋う」は現代仮名遣いでは「イ段＋ゅ＋う」，語頭以外の「は・ひ・ふ・へ・ほ」は「わ・い・う・え・お」，「ア段＋う」は「オ段＋う」になるので，═══線部aの「あやしう」は「あやしゅう」，bの「きはまりて」は「きわまりて」，cの「かうして」は「こうして」となる。

問2　～～～線部は「早朝」のこと。

問3　――線部①の「さ」は「人々が，『この辺りには人を迷わす神がいるそうですよ』」と言っていたことを指しているのでウが適切。直前の「人ども」の話をふまえていない他の選択肢は不適切。

やや難 問4 □部分では，山崎の辺りまでは行き着いているはずなのに，すでに通り過ぎたはずの長岡の寺戸や乙訓川のあたりで迷っている様子が描かれているのでイが適切。さまよい歩いていることを説明していない他の選択肢は不適切。

重要 問5 ――線部②の「やうやう」は「だんだんと，次第に」という意味。「なり」は連用形なので「ぬ」は完了の意味になり，「なった」と現代語訳する。

問6 俊宜が思った内容は「つとめて思へば」直後から――線部③直前の「……なめり」までである。

★ワンポイントアドバイス★

論説文では，キーワードをどのような意味で筆者が用いているかをしっかり確認しよう。

大切なことはメモしておこうネ！

2022年度

★★★★★★★★★★★★★★★★★★★★★★★

入　試　問　題

2022年度

創価高等学校入試問題

【数　学】（50分）　＜満点：100点＞

【注意】 定規，コンパス，分度器，電卓等を使用してはいけません。

1　次の問いに答えなさい。

(1)　$15a^2b \div \frac{3}{11}a$ を計算しなさい。

(2)　$(x+3)^2-(x+3)$ を因数分解しなさい。

(3)　$\sqrt{2}=s$，$\sqrt{3}=t$ とするとき，$\sqrt{0.06}$を s，t を使って表しなさい。

(4)　右の図で，$\ell \parallel m$ のとき，$\angle x$ の大きさを求めなさい。

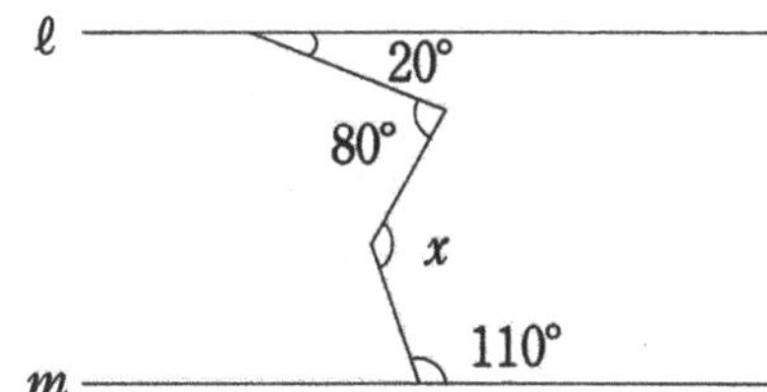

(5)　ある長さの測定値1.63mが，小数第３位を四捨五入した近似値であるという。

真の値をxmとするとき，xの値の範囲を不等号を使って表しなさい。

2　２個のさいころA，Bを同時に１回投げて，Aのさいころの出た目を a，Bのさいころの出た目を b とする。このとき，次の問いに答えなさい。

(1)　$a \leqq b$ となる目の出方は全部で何通りあるか求めなさい。

(2)　$1<\frac{b}{a}<2$ となる目の出方は全部で何通りあるか求めなさい。

(3)　点Pの座標を（a，b）とするとき，点Pが $y=\frac{6}{x}$ のグラフ上にある確率を求めなさい。

3　右の図のように関数$y=ax^2$のグラフ…①があり，①上には点A（－２，２）と，①上の x 座標が正の部分を動く点Pがある。このとき，次の問いに答えなさい。

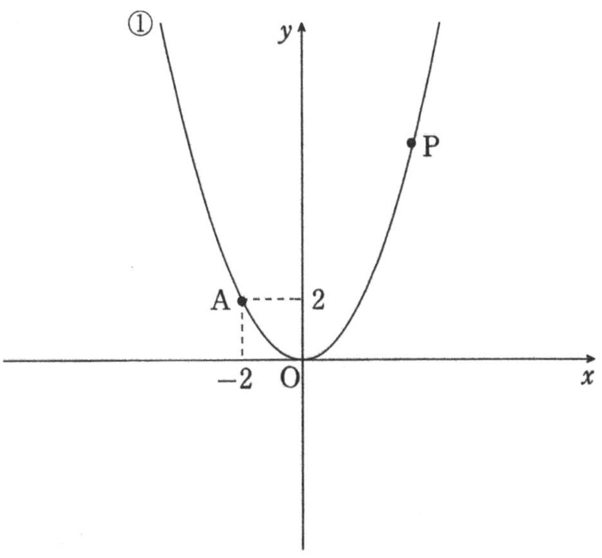

(1)　a の値を求めなさい。

(2)　点Pのx座標が３のとき，線分APの長さを求めなさい。

(3)　直線APと y 軸との交点をCとする。

AC：CP＝１：２ となるとき，△AOPの面積を求めなさい。

4 右の図は，円すいAの展開図である。

次の問いに答えなさい。ただし，円周率はπとする。

(1) 円すいAの体積を求めなさい。

(2) 円すいAを，底面に平行な平面で，高さが３等分になるように切る。切り分けた３つの立体について，一番小さい立体と一番大きい立体の体積の比を求めなさい。

(3) 円すいAと同じ体積で，底面の円の半径が４の円すいBを考える。このとき，円すいBの高さを求めなさい。

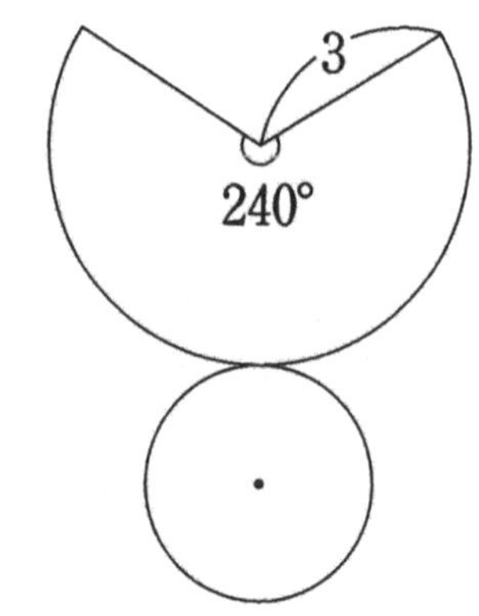

5 右の図のように，AE＝３，EF＝５，FG＝４の直方体について，次の問いに答えなさい。

(1) 対角線CEの長さを求めなさい。

(2) 対角線CE上に，ＦＰ⊥CEとなる点Ｐをとるとき，線分FPの長さを求めなさい。

(3) CI＋IEの長さが最小になるように点Ｉをとったとき，AI：IBを求めなさい。

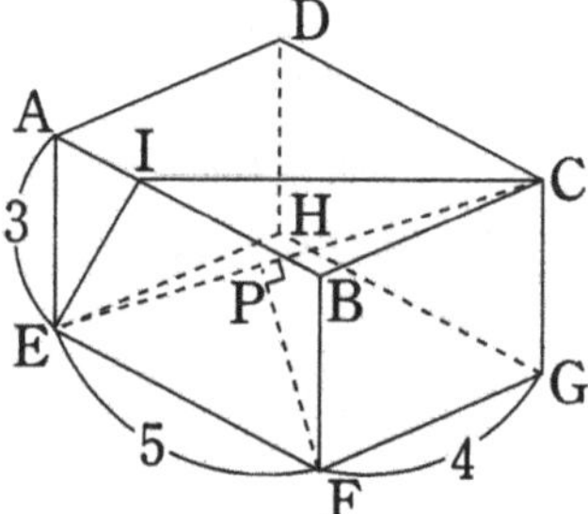

6 下の図のように，１辺の長さが12の正三角形ABCを，DC＝４となる点Dと点Aが重なるように折り，その折り目をEFとする。また，線分ADと線分EFの交点を点Gとする。次の問いに答えなさい。

(1) 折る前の正三角形ABCの面積を求めなさい。

(2) 線分AGの長さを求めなさい。

(3) 線分EGの長さを求めなさい。

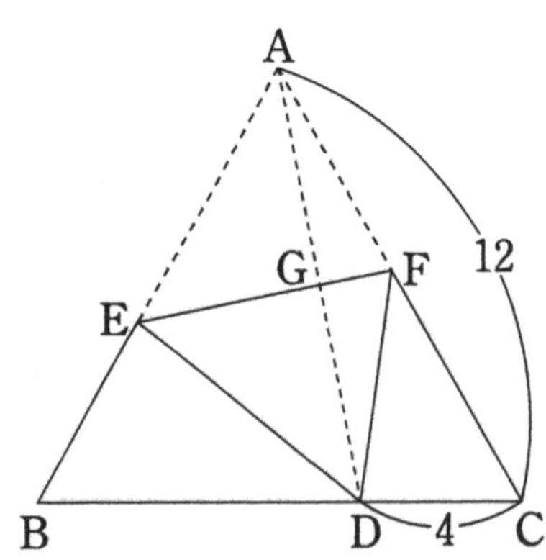

【英　語】（50分）　＜満点：100点＞　※リスニングテストの音声は弊社HPにアクセスの上，音声データをダウンロードしてご利用ください。

【放送問題】

放送問題は1～4です。1 2 3の英文は1回しか放送されません。放送中にメモをとってもかまいません。

1　授業での先生の指示が放送されます。下のスライドはその要点をまとめたものです。放送を聞き，（①）～（④）に入る語を書きなさい。ただし，（②）は数字で書いてもかまいません。

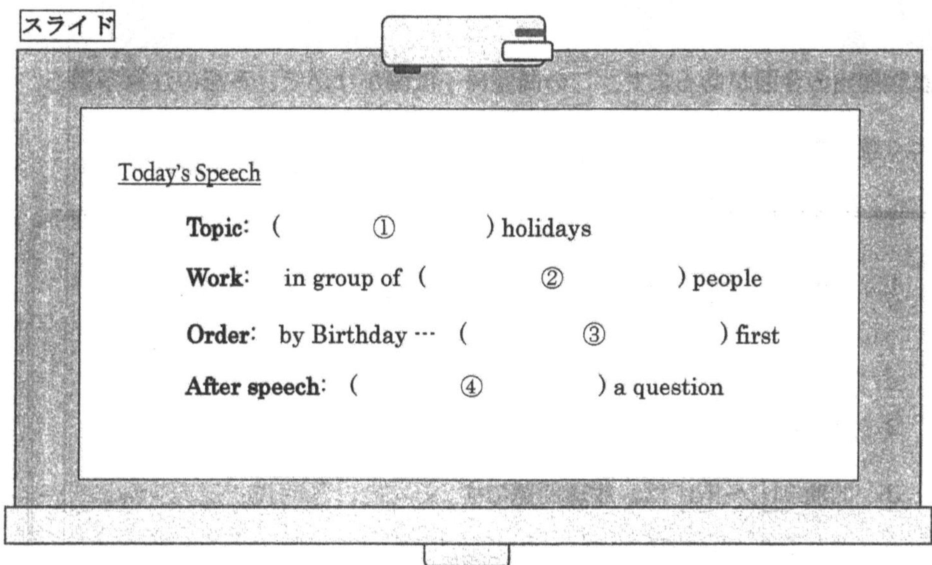

2　日常で見かけるマークや表示についての短い説明が放送されます。(1)～(4)それぞれの説明にあてはまるものを選び，記号で答えなさい。

(3) A. B. C. D.

(4) A. B. C. D.

3　２人の会話と，その内容についての質問が放送されます。それぞれの質問の答えとして適切なものを選び，記号で答えなさい。

Question 1

A．Japan　　B．India　　C．Canada　　D．Korea

Question 2

A．Olympics　　B．skateboarding　　C．badminton　　D．tennis

Question 3

A．7　　B．14　　C．15　　D．40

4　英語のスピーチを聞き，要点を日本語でまとめる問題です。スピーチが２回放送されます。以下のメモを見ながら聞き，下線部に適切な日本語を入れなさい。

メモ

● 聴導犬になる犬の条件で大切なのは ＿＿＿＿＿＿ ではなく＿＿＿＿＿＿＿である。

● 日本の聴導犬の数が少ない理由

・＿＿＿＿＿＿＿＿＿＿＿＿＿＿＿＿＿＿＿＿＿＿＿＿

・＿＿＿＿＿＿＿＿＿＿＿＿＿＿＿＿＿＿＿＿＿＿＿＿

5　英文（ワンガリ・マータイ博士について）を読み，あとの問いに答えなさい。

Wangari Maathai was an environmental activist and the first African woman to win the Nobel Peace Prize. Wangari always had the courage to act for justice.

When she was a child, [I]. She wanted to go to school, but (2) it was difficult for girls to go to school. In Kenya at that time, it cost a lot of money to go to school. Also, most girls had to help their mothers with housekeeping. Although the situation was difficult Wangari's parents wanted her to go to school. They knew she was smart and a hard worker. Finally, her parents were able to send her to school. Wangari became filled with (3－1). She decided to make her parents proud. At this moment, her life began to move in the direction of taking action for people.

After graduating from university in America, [Ⅱ]. When she arrived in Kenya, however, she was shocked because most of the natural environment was destroyed. Moreover, there was a (4) violation of women's rights. In order to solve both of these problems, she started the famous Green Belt Movement. Many Kenyan people joined the movement and worked together. The relationship between Wangari and the Kenyan people became closer.

The government, however, didn't like Wangari's activities. They *arrested Wangari many times because they thought Wangari had (5)great power than themselves. One day, Wangari heard that the government was planning to build a *skyscraper in Uhuru Park. They wanted to show how powerful they were by making such a tall building. Kenyan people were (3－2) to hear the news because they loved Uhuru Park's nature. [Ⅲ]. She sent a letter to many leaders in other countries. She told them about the reality of Kenya. It was dangerous for her to disagree with the government. She might be killed. However, she told herself, "Do anything you can. Just don't be silent." Although she had many difficult situations, she didn't give up. She became stronger. Later, newspapers reported the government's plans and (6)her voice. Gradually, Kenyan people became encouraged by her voice. They started to express their own opinions in public like Wangari did. Soon after, the government stopped the plan to build a skyscraper. [Ⅳ]

In 2005, Wangari visited Japan and had a meeting with Dr. Daisaku Ikeda, the founder of Soka Gakuen. Dr. Ikeda asked her, "Why do you have such a beautiful smile?" She answered, "Because I feel I am always (3－3). Being alive is a miracle!" She also said to young people, "If you want to change something, you must first (7) change [　　　　　　　] and you must lead the way." Her efforts and way of thinking will continue to encourage future generations.

*arrested　逮捕した　　*skyscraper　高層ビル

問１　[Ⅰ] ～ [Ⅳ] に入る表現を次の中から選び，記号で答えなさい。

A．Wangari loved to learn something new

B．Wangari stood up for the Kenyan people

C．Wangari was successful together with the Kenyan people

D．Wangari decided to return to Kenya and work for her country

問２　下線部(2)の理由を２つ挙げ，日本語で書きなさい。

問３　（３－１）（３－２）（３－３）に入る語として最も適切なものをそれぞれ選び，記号で答えなさい。

Ａ．angry　　Ｂ．happy　　Ｃ．surprise　　Ｄ．joy

問４　下線部(4) violation の文中の意味として最も適切なものを選び，記号で答えなさい。

Ａ．災害　　Ｂ．侵害　　Ｃ．暴力　　Ｄ．抑止力

問５　下線部(5) great を文中に合う形に直して書きなさい。

問６　下線部(6)の内容について，適切なものを選び，記号で答えなさい。

Ａ．学び続けることが重要だ　　Ｂ．木を植えることが重要だ

Ｃ．権力に屈しないことが重要だ　　Ｄ．権力を象徴する建物が重要だ

問７　下線部(7)の［　］に当てはまる適切な１～２語を，考えて書きなさい。

6　留学生 Lin と同級生の２人が班行動について相談しています。下の観光案内を参考に，会話文を読み，あとの問いに答えなさい。

観光案内

Welcome to Lake City!

National Park
Open Everyday
Ticket: 500 yen
*50% off Student Discount

Modern Art Museum
Closed on Wednesday
Ticket: 700 yen

ADVENTURE PARK
Closed on Tuesday
Ticket: 1,500 yen

Sunrise Hot Spring
Closed on Monday
Ticket: 2,000 yen

Glass Art Museum – Activities

Ceramics Class
90 minutes　1,300 yen
・Make an original cup

＊　＊　＊

Glass Jar Decorating Class
30 minutes　800 yen
・Decorate a glass jar

＊　＊　＊

Water Color Painting Class
60 minutes　1,000 yen
・Improve your painting skills

Mika: Let's make the time schedule for the school trip.

Yuki: We have to meet at Lake City Harbor at 9:00. Where do you want to go first, Lin?

Lin: I'm interested in the Modern Art Museum.

Mika: Me too. I hear there are some beautiful paintings.

Yuki: But the school trip is on Wednesday, so I think that the museum is closed.

Mika: That's too bad. How about going to Sunrise Hot Spring?

Lin: That sounds nice. I've never been to a Japanese hot spring!

Yuki: Umm..., but isn't it a bit expensive?

Lin: You're right. Let's go to the National Park then. It's open every day, and we can get a student discount. Tickets are half-price.

Mika: That's a good idea!

Lin: We can get on a ship to the National Park from Lake City Harbor.

Yuki: We've got a One-Day pass for each so we can take any public transportation for free.

Lin: Good! I hear that there is a good restaurant in the National Park. Let's have lunch there.

Mika: It actually depends on the time. If we have enough time, we can have lunch there. If not, let's buy lunch at a convenience store. Either way, let's prepare ¥1,000 for lunch. (1)<u>We can [what / decide / eat / to] later.</u>

Lin: After lunch, we're going to the Glass Art Museum, right? What are we going to do there?

Yuki: We can enjoy some activities in the museum. Which activity shall we do?

Lin: I want to try the water color painting class.

Yuki: But we don't have enough time to take the painting class. We can stay there for only 50 minutes so I think we should choose another class.

Lin: OK.

Mika: How about buying some souvenirs for our parents?

Lin: That's a good idea. I want to buy some sweets for them.

Mika: We can buy souvenirs at the ABC Shopping Street.

Lin: OK, let's do that!

Yuki: Now, we're ready for the school trip. I'm really looking forward to visiting Lake City!

問１　下線部(1)の意味が通るように，［　］内の語を並べかえて書きなさい。

問２　次のページの行動メモの【①】【②】【③】に入る適切なものを選び，記号で答えなさい。

【①】 A．The National Park　B．The Modern Art Museum　C．Adventure Park　D．Sunrise Hot Spring

【②】 A．Ceramics　B．Glass Jar Decorating　C．Water Color Painting　D．Modern Art Drawing

【③】 A．1,800　B．2,050　C．2,300　D．2,500

行動メモ

Time Schedule

9:00	Lake City Harbor
9:10	Ship (30 min.)
10:40	【 ① 】
11:30	Lunch
12:30	Bus (20 min.)
12:50	Glass Art Museum 【 ② 】 Class
13:40	Bus (20 min.)
14:00	ABC Shopping Street

****

MEMO ✏

- Transportation
- Lunch
- Ticket
- Activity at Glass Art Museum

Total : 【 ③ 】 yen

****

7 あなたがこれまで訪れたなかで，心に残る場所はどこですか。そこでしたことや感じたことを含めて，3～4文の英語で書きなさい。ただし，1文目は，I visited で書き始めなさい。

ぞ歩ませ給ふ。三位うしろを遥かに①見送つて立たれたれば〔立っておられると、〕、忠度の声とおぼしくて〔思われて、〕、※1「前途程遠し、思ひを雁山の夕の雲に馳す」〔「前途の道のりは遠い。雁山の夕方の雲に思いを馳せる」〕と、〔（中国の詩を）〕高らかに口ずさみ給へば、俊成卿いとど〔ますます〕②名残惜しうおぼえて、涙をおさへてぞ入り〔（屋敷に）〕③給ふ。

その後世しづまつて〔戦乱が収まって、〕、※2千載集を撰ぜられけるに〔編集なさったときに、〕、忠度のありし有様、いひおきし言の葉、今更C思ひ出でて哀れなりければ、かの巻物のうちに、さりぬべき〔ふさわしい〕歌いくらもありけれども、※3勅勘の人なれば、名字をばあらはされず〔表に出さず、〕、「故郷花」といふ題にて、詠まれたりける歌一首ぞ、「読人知らず」〔「作者不明」として〕と入れられける。

さざなみや志賀の都はあれにしをむかしながらの山ざくらかな
〔かつて都があった志賀の地は荒れてしまったが、昔どおり長良山の桜は美しく咲いていることだ。〕

その身朝敵となりにし上は〔朝廷の敵になってしまったので、〕、子細におよばずといひながら〔とやかく言うことはできないが、〕、うらめしかりし事どもなり〔残念なことである。〕。

〈注〉※1「前途程遠し…」……中国の唐の時代の詩。忠度が、これから西国に向かう長い旅路への思いを託して口ずさんだもの。

※2　千載集……藤原俊成が後白河法皇の命によって編集した勅撰和歌集。

※3　勅勘の人……天皇のとがめを受けた人。ここでは、平家一門が戦に敗れ、朝廷から処罰されたことを指す。

問1　‖線部①～③の語句を、漢字の読みも含めてすべてひらがな・現代仮名づかいに直しなさい。

問2　〰線部A～Cの主語はだれですか。それぞれ文中の語句で答えなさい。

問3　――線部「御疑ひあるべからず」とありますが、何を疑ってはいけないというのですか。現代語で「だれが、何を、どうすること」という形で答えなさい。

問4　三位卿が忠度の歌を「千載集」に載せたのはなぜですか。その理由がわかる部分を本文から抜き出し、初めと終わりの五字を抜き出しなさい。

問5　本文の中で、一文だけ語り手（作者）の感想を述べた文があります。その一文を探し初めの五字を抜き出しなさい。

【四】「個人の意志を尊重する」ことと「集団の意志を尊重する」ことでは、あなたはどちらを大切にしたいですか。次の条件に従って、七五字以上一二五字以内であなたの意見を述べなさい。（どちらを選んだかは点数に関係ありません）

《条件》

1．最初の一文で、まず自分の結論を述べること。

2．次に、そう考える理由・根拠を述べること。

3．途中で改行せず、文体は常体（「だ・である」）で書くこと。

ようとする友好的な関係を大切にするから。

オ．日本は災害などによる苦しい状況を経験したことで、困難に負けない挑戦する心が備わっているから。

問8　――線部**ｄ**「日本人であれば、この行動はよくわかる」とありますが、なぜ日本人ならわかるのですか。その理由を「日本人は、」の書き出しに続けて、本文の言葉を用いながら、三十字以内で説明しなさい。

問9　本文の内容と合っているものを、次の選択肢の中から**全て**選び、記号で答えなさい。

ア．筆者は、自然災害は、毎年のように日本に被害をもたらすことから、防災技術や予測技術だけで完全に防ぐことができないと考えている。

イ．筆者は、災害時の日本人の対応の様子は世界ではあまり例を見ず、他の国々からは異質なものとして不思議がられていると考えている。

ウ．筆者は、日本人のアイデンティティの形成には、稲作における集団作業に加えて、自然災害を乗り越えてきたことが影響していると考えている。

エ．筆者は、日本人は独創的でこだわりが強く、水田の状況がどんなに悪くても稲を育ててみせるという気持ちを持っていることが強みだと考えている。

オ．筆者は、日本人の特徴である、内向的で個人よりも集団を優先することを否定し、欧米流の個性を尊重する考えを取り入れるべきだと考えている。

カ．筆者は、日本の伝統である稲作技術が世界に誇れるものであるとして、その方法を海外に向けて発信し、稲作を広めるべきだと考えている。

【三】　次の文章は『平家物語』の一節です。これを読んで後の問いに答えなさい。

《これまでのあらすじ》　源氏の軍勢に攻められた平家一門は、天皇をお連れして、次々と京の都から逃げ出した。平家の武将の一人であり、歌人としても有名な薩摩守（さつまのかみ）である平忠度（たいらのただのり）は、都から逃げるにあたって、和歌の師であった三位（さんみ）卿（きょう）の藤原俊成（ふじわらのとしなり）の屋敷を訪れた。忠度は、俊成に自作の和歌百首余りを書いた巻物を預け、「戦乱が収まったら勅撰（ちょくせん）和歌集（天皇の命令で作られる和歌集）が作られるでしょうから、その時には、この巻物の中にそれにふさわしいものがあれば、せめて一首なりとも選んでいただければ、死後の名誉です。」と勅撰和歌集の撰者（せんじゃ）（編集者）でもある俊成に依頼した。

三位これ〔この巻物〕を開けて見て、「かかる忘れがたみ〔こんな形見の品〕を給はりおき候（さうら）ひぬる上は、〔いただきましたからは、（ご依頼を）〕ゆめゆめ疎略（そらく）を存ずまじう候。〔決していい加減にはいたしません。〕御疑ひあるべからず。さても唯今（ただいま）の御わたりこそ、情（なさけ）もすぐれて深う、哀れもことに思ひ知られて、〔ご訪問は、風情もとても深く、しみじみとした気持ちも特に優れて感じられて、〕A感涙おさへがたう候へ」とのたまへば、薩摩守悦（よろこ）んで、「今は西海の浪（なみ）の底にB沈まば沈め、〔沈むなら沈んでもよい、〕山野にかばねをさらさばさらせ、〔死体をさらすのならさらしてもよい、〕浮世に〔この世に〕思ひおく事候はず。さらば暇（いとま）申して」〔それではお別れ申して〕とて、馬にうち乗り、甲（かぶと）の緒（を）をしめ、西をさいて〔の方に向かって〕

手の気持ちを慮って笑顔を見せる日本人気質がそこにはあるのだ。

グローバル化の時代である。自分の国の欠点は反省し、他の国の良いところは取り入れることはもちろん大切である。しかし、外国をうらやむだけでもいけないだろう。

稲作は大陸から海を越えてやってきた。それ以来、日本では新しいもの、優れたものはすべて海を越えてやってきた。そのため、日本では今でも外国のものをありがたがり、外国の考え方や習慣を取り入れようとする傾向にある。

しかし、日本には日本の良さもある。

相手のことを思いやる気持ち。相手に寄り添う心。⑤ユウキュウの稲作の歴史の中で日本人が育んできた大切なものは失わずに、むしろ海を越えて世界に伝えていきたい、私はそう思う。

（稲垣栄洋『イネという不思議な植物』）

問1 ＝＝＝線部①～⑤のカタカナを漢字に直しなさい。

問2 [A] に入る最も適切な言葉を、次の選択肢の中から一つ選び、記号で答えなさい。

ア．他の人に劣る　イ．他の人と違う

ウ．他の人と同じ　エ．他の人に求める

問3 ——線部ａ「アメリカ人の新渡戸稲造の妻が驚いたエピソード」とありますが、なぜ驚いたのですか。その理由として適切なものを、次の選択肢の中から一つ選び、記号で答えなさい。

ア．アメリカでは暑い日に外を出歩く人が少なく、暑い日に出歩く日本人が意外にも多いことに衝撃を受けたから。

イ．アメリカ人というだけで相手にされず、自分も暑い中出歩いているのに日傘を譲ってくれなかったから。

ウ．日本人の日傘をさしていた一人が日傘のない人に出会った時に自然と遠慮した行動をとっていたから。

エ．日本人二人が炎天下で出歩くことのリスクを考えて効率的に二人で一本の日傘に入って暑さをしのいでいたから。

オ．日本人の日傘をさしていた一人が優越感を感じているように自分だけ涼しそうに歩いていたから。

問4 ——線部ｂ「二人で暑さを分かちあう」とありますが、その行動にはどのような気持ちが働いていますか。「～という気持ち」とつながるように本文中から二十字以内で抜き出しなさい。

問5 [B] に入る四字熟語を答えなさい。

問6 [C] には漢字二字の熟語が入ります。適切なものを、次の選択肢の中から一つ選び、記号で答えなさい。

ア．情緒　イ．貫禄　ウ．威厳　エ．品格　オ．自信

問7 ——線部ｃ「欧米流のものの考え方を取り入れようと努力してきた」とありますが、なぜ努力してきたのですか。その理由として適切なものを、次の選択肢の中から一つ選び、記号で答えなさい。

ア．日本はグローバル化が進む中で世界の動向を伺い、欧米諸国との関係性を守っていかなければならないから。

イ．日本は海に囲まれている島国であり、昔から外国のものであるというだけで良しとする傾向があるから。

ウ．日本は昔独立した国であったため、独自の行動が正しいか否か、全てにおいて自信を持っていないから。

エ．日本には一人よがりの考えを好まない人が多く、誰でも受け入れ

科学技術が発達した二一世紀の現在であっても、私たちは災害を避けることはできない。

毎年のように日本のどこかで水害があり、毎年のように日本のどこかで地震の被害がある。防災技術の進んだ現在でもこれだけの被害があるのだから、防災設備や予測技術がなかった昔の日本であればなおさらだろう。

長い歴史の中で、日本人にとって災害を乗り越えるのに必要なことは何だったのだろう。それこそが、力を合わせ、助け合うという協調性だったのではないだろうか。

東日本大震災のときに、日本人はパニックを起こすことなく、秩序を保ちながら長い行列を作った。そして、被災者どうしが思いやり、助け合いながら、困難を乗り越えたのである。その冷静③チンチャクで C ある日本人の態度と行動は、世界から賞賛された。

災害のときに、もっとも大切なことは助け合うことである。人は一人では生きていけない。ましてや災害の非常時にはなおさらである。

短期的には、自分さえ良ければと利己的に振る舞うことが有利かも知れない。しかし、大きな災害を乗り越えるためには、助け合うことが欠かせない。

くりかえされる自然災害の中で助け合うことのできる人は助かり、助け合うことのできる村は永続していったのだろう。そして、世界が賞賛するような、協力し合って災害を乗り越える日本人が作られたのである。

もちろん、水田を復興し、イネを作るためにも力を合わせなければならない。

日本の人たちは、水害で田んぼが沈んでも、冷害でイネが枯れても、地震で田んぼがひび割れても、けっしてイネを作ることを諦めなかった。どんなに打ちのめされても、どんなにつらい思いをしても、変わることなく次の年には種子をまき、イネの苗を植えたのである。励まし合い、助け合いながら、日本人は災害を乗り越えイネを作り続けてきた。

おそらくは度重なる災害が、日本人の協調性をさらに磨き上げた。そして、その協調性によって、日本人は力を合わせて稲作を行ってきたのではないだろうかと思えるのである。

外に向かわず、内向きな国民性。個人の意見を言わず、個人では判断しない同質集団。このような日本人の気質は、手を掛ければ生産性が高まる日本の田んぼや、力を合わせて行う日本の稲作によってつちかわれてきた。

ただ一方で、こうした日本人の特徴は、外交的で、個性を尊重する欧米からは理解されずに、ときに批判を浴びてきた。そして、日本人は批判されるたびに、c欧米流のものの考え方を取り入れようと努力してきた。もちろん、集団を優先し、個人を④ギセイにしがちな日本人の気質には、欠点もある。

レ印し、悪いところばかりではない。

大災害にあったときに、パニックや暴動を起こさずに、泣きわめくこともなく、ときには笑顔でインタビューを受ける姿を見て、世界の人々は不思議がった。しかし、d日本人であれば、この行動はよくわかる。

もちろん、悲しくないはずはない。大声をあげて泣きたいに決まっている。しかし、それでは相手が悲しい気持ちになってしまう。相手に悲しい思いをさせないために、じっと耐えて、笑顔を見せているのだ。

相手の心に同調して、悲しい気持ちを共有できる日本人。そして、相

両親にも自ら言いようのない出来事があっただろうと考えている。

ウ．乗車した時から親しみをもち運転手と話を交わしていた「私」は、周囲の風景を見ながら、過去の思い出に心地よさを感じている。

エ．長い間勤めていた会社を辞めた理由を運転手に説明した「私」は、運転手の温かな人柄に感動し、新たな気持ちにあふれている。

【二】　次の文章を読んで、後の問いに答えなさい。

個性を重視する欧米では、子どもたちはこう言われて育つ。「あなたの［A］ところはどこなの？」

これに対して、日本の子どもたちはこう言われる。「どうして他の人と同じようにできないの？」

日本では、他の人と同じであることが必要以上に求められるのである。

あるいは、新渡戸（にとべ）稲造（いなぞう）の『武士道』の中で、aアメリカ人の新渡戸稲造の妻が驚いたエピソードが出てくる。

暑い日、日本人の女性二人が道ばたで出会う。一人は日傘をさしている。もう一人は日傘を持っていない。すると、日傘をさしていた女性は炎天の下で、日傘を閉じたのである。

自分だけ、涼しい思いをするのは悪い、という日本人にはごく当たり前の感覚だが、アメリカ人の新渡戸稲造の妻には、それが不思議だったという。

傘が大きければ、二人で日傘の下に入れば合理的である。たとえ、一人しか入れなかったとしても二人で暑い思いをするよりは、日傘をさしている人だけでも日蔭（ひかげ）に入った方が効率的だ。しかし、b二人で暑さを分かちあう、それが日本人なのである。

自分の意見を押し殺しても集団に同調しようとする。しかし一方で協調性を重んじ、集団で力を合わせて行動をすることに長（た）けている。こうした日本人の気質は、水田稲作によって育まれてきたと指摘されている。

イネを作るときには、集団作業が不可欠である。

すべての田んぼは水路でつながっているから、自分の田んぼだけ勝手に水を引くことはできない。水路を引き、水路を管理することも共同で行わなければならないのだ。そして、自分の都合のいいように勝手なことをすることは、自分の田んぼだけに水を引く意味の「［B］」と言われて批判されてきた。

さらにイネの①サイバイも手がかかるので一人ではできない。特に田植えは多大な労働力を必要とする。みんなで並んで揃（そろ）って田植えをする必要がある。そのため、村中②ソウデで協力しあって作業をしてきた。

力を合わせなければ行うことができない。こうした稲作の特徴が協調性や集団行動を重んじる日本人の国民性の基にあると考えられているのである。

日本人特有の気質の大きな要因は「稲作」にあると指摘されている。しかし、他人を思いやり、協力し合う日本人の協調性を作り上げてきたのは、稲作ばかりではないだろう。

米は日本人にとって重要な食糧ではあったが、日本を見渡せば水がなく田んぼを拓（ひら）くことのできない地域もたくさんあったのである。

私は日本人の気質を醸成してきたものとして、稲作と共に、度重なる災害があったのだと思う。

日本は世界でも稀（まれ）に見る天災の多い国である。日本人は長い歴史の中で幾たびもの自然災害に遭遇し、それを乗り越えてきた。

が」ったのはなぜですか。その理由として適切なものを、選択肢の中から一つ選び、記号で答えなさい。

ア．この運転手はどうして鮎のことに詳しいのだろうかと不思議におもったから。

イ．この運転手が話す鮎の情報を聞き、自分が知っていることとあまりにも違ったから。

ウ．この運転手に、早く出発し次の場所に行きたいということを言えず困っていたから。

エ．この運転手が独りごとのように話し続けるのでさらに聞きたいと伝えたいから。

問3 ――部b「ありがとうとは言わないほうがいい」について、なぜ「私」はそのように考えたのですか。その理由として適切なものを、選択肢の中から一つ選び、記号で答えなさい。

ア．車の速度があまり上がらず、時間がかかりすぎていることに焦ってしまったから。

イ．頼んでいなくても、車を寄せ休憩できたので、それまでの気分が落ち着いたから。

ウ．見たいだけみてもいいという、運転手の気遣いを感じ、その雰囲気に安心したから。

エ．走ったり、停ったりして、運転手の都合で目的地に進んでいることに困ったから。

問4 ――部c「本職の人」と同じ意味で使われている表現を文中から六字で抜き出しなさい。

問5 ――部d「うつつを抜かして」とはどのような状況を表していますか。次の文の（　）に当てはまる言葉を自分で考え、漢字二字で答えなさい。

鮎を釣ることに（　　）している状況。

問6 ――部e「この土地からは未だに離れられない」理由を「私」はどのように理解しましたか。それを説明した次の文の（　）に当てはまる内容を十五字以上二十字以内で答えなさい。

運転手が、突然鮎釣りをやめようと思い立った瞬間の理由は分かる気がする。しかし、土地から離れられないのは、結局（　　　　）と理解した。

問7 ――部f「行きたい、です」と言った時の「私」の気持ちとして適切なものを、選択肢の中から一つ選び、記号で答えなさい。

ア．湖に行けば、自分の思い出の中にある鮎料理と、現実の鮎料理を比較できるだろう。

イ．湖に行けば、運転手ともっと打ち解けることが出来、さらに詳しく漁の話がきけるだろう。

ウ．湖に行けば、鮎以外の鯉や鱒などを見ることが出来、自分の思い出を確認できるだろう。

エ．湖に行けば、自分の記憶の中にある鮎という存在が何なのか確かめられるだろう。

問8 本文の内容を説明した文として最も適切なものを、選択肢の中から一つ選び、記号で答えなさい。

ア．運転手と話をすることで、過去を振り返り、懐かしい思い出にひたる「私」は、久しぶりに出来るだろう鮎釣りを楽しみにしている。

イ．長年鮎を釣って暮らしていた運転手の話を聞いた「私」は、兄や

「いいや、釣る気がなくなった」

「…………」

「前の日まで、いつものように、いい心持で釣っていたんです。そして自分の所の生簀（※5 いけす）の中で、美しい姿で泳いでいる獲物をながめたり数えたりしていたんだけれども、それが急に、自分のからだが鉛みたいに動かなくなってしもうた。頭だけがじーんと冴えている。それまで、一度としてそんなこと考えたこともなかったのに、突然、こんなにきれいな魚を、わしはよくもまあ、毎日毎日暮らしのために、という気持が起って、それ以来、釣り道具に手も触れなくなったんです」

西風（にし）が、急に南風（みなみ）に変わったように、わしは釣師をやめた、とでも言いたいのか、この人は。少年の日に、急に蝶を追うのをやめた弟のことを思った。私自身、長い間勤めていた会社を辞めようと心に決めた日のことを思った。後になってみれば、そうなったもっともらしい理由はいくつかあげられる。しかし、そう思い立った瞬間に限って言えば、あれは、西風が、急に南風に変わったとでもしか言いようのない、他人に対しても、自分に対しても、説明しようのない一瞬だった。兄にも、むろん二た親（※6 ふ）にも、私が知らないだけのそういう一瞬は幾度かあったであろう。

「一年や二年の釣師の生活ではなかったんでしょう」

「二十一年」

即座に答えはかえってきた。

「鮎釣りはやめたが、e<u>この土地からは未だに離れられないねえ</u>」

「…………」

「ぼつぼつ、行きましょうや。で、どうします、帰らないで、このまま、まだ奥へ行きなさるか」

私はもう、迷わずに答える。

「連れて行って下さい」

「湖までも、行きなさるか」

「f<u>行きたい、です</u>」

戸外は、ひんやりしている。

木立の奥のほうで、からだのあまり小さくはなさそうな鳥の声がする。

車の窓を、半開きにした。

川の石は、石というよりも、もう岩である。

岩根に激しく砕ける水のすぐ傍（そば）に、穏やかな瀞（※7 とろ）がある。

眺望は険しく狭まってゆくが、わずかながら、釣り人はどこまでもよく入っている。ふしぎに寄り合って竿をさしかけている。

（竹西　寛子『鮎の川』）

〈注〉
※1　稚魚……魚の子ども。
※2　珪藻……川や湖に生息している藻。
※3　精悍……勇ましく、鋭い気性。
※4　友釣り……鮎の縄張りの習性を利用した鮎釣りの方法。
※5　生簀……取った魚を一定の間飼う場所。
※6　二た親……父親と母親。
※7　瀞……川の流れがゆるやかで水の深い所。

問1　文中の□に当てはまる言葉を、次の選択肢の中から一つ選び、記号で答えなさい。

ア．幻想的　イ．象徴的　ウ．親和的　エ．理論的

問2　――部a「私は気づかれないようにそっと隣りの人の横顔をうか

「釣ってるわ」

　水に沈みきらない石の片側で、流れがいっせいに白波立っている。段々畑のように、幾列にも波立っている。川に、蒼味がさしてきたように見える。どの釣り人も、膝から下を浸したままで竿を打ち返している。頼まないのに、車は、岸に寄って停った。座席から、見たいだけ見なさいということだろう。bありがとうとは言わないほうがいい。きっとこの先も、こんな調子で走ったり、停ったりしてくれそうな人に思われる。

「あれが鮎釣りでしょう？　素人かしら。それとも c本職の人でしょうか」

「やたらに水の中に入って行くのは、素人が多い。心得ている者は舟を使います。からだが大切だからね」

「誰でも、釣りたい時には、いつでも川に入れますか」

「鑑札さえ買いなさればいい。一年間は、釣る権利が得られます。鑑札は漁業組合が発行するけれど、同じ川の中でも、砂利や石のことになると、これは県の土木課の管轄になる」

　どうも、普通の運転手とは様子がちがう。

「海だと、夜釣りがあるでしょう？　鮎は、夜は釣らないんですか」

「さっきも言ったように、鮎の食べ物は、主に、石にくっついている珪藻でね、そいつはどうしても夜は見えにくい。大方は、昼間に群れて食べている。だから釣師も、昼間つき合うことになる。今あそこでやっているのは、※4友釣りといって、囮に鮎をつかう釣り方です。鮎に鮎のよく見える時間を人間も狙っている」

「鑑札で釣れるものは鮎だけですか」

「鯉、鱒、山女、それに鰻」

「生きていても、焼かれていても、私、鮎には笹の葉がいちばんよく似合うと思うけれど……」

「ああ、笹の葉はいい」

　二人の車はまた走り出す。

　川床の傾斜を知らせるように、流れが少しずつ音高くなり、肩を出したままで水に洗われつづける石も、それと見合うように、大きく角張ってくる。山の緑は、両岸に厚くなって迫り、天を指す杉木立を分けて、川は、しだいに渓流のおもむきに変わってゆく。このあたりだと、夜更けとはいわず、日が落ちればぐっと冷え込むに違いない。

　追い越す車もなければ、擦れ違う車もごくまれでしかない道路わきの、名ばかりのドライヴ・インで、ちょっと休みましょうと言い出したのは私のほうだった。

　隣りのガソリン・スタンドで、作業服の青年が、両手をさし上げて欠伸をしている。

「この仕事に入る前は……」

　一服すると、問わず語りに相手が話しはじめた。

「長年、鮎を釣って暮らしていましたよ。釣る、かける、なんてものじゃあない。向こうが釣られてくれる。かかってくれる。ちっとも苦労しないで仲間の三倍も、四倍もの漁に dうつつを抜かしておった。近所では、ちょっとした名人扱いでね。ところが……」

「ところが？……」

「ひょっこり釣れなくなった」

「鮎がかからなくなった？」

【国　語】（五〇分）〈満点：一〇〇点〉

【注意】一、解答に字数制限がある場合は、句読点や「」等の記号も一字として数えます。
二、作問の都合上、原文の一部を省略したり、表記を改めた部分があります。

【一】次の文章を読んで、後の問いに答えなさい。

《これまでのあらすじ》兄、弟と小さい頃の思い出話をしていた「私」。以前、家族で行った店やそこで食べた鮎のことが話題になった。話をしながら「私」は昔を懐かしみ、かすかな記憶をたよりにその店に行こうと思い立つ。訪れた土地で出会ったタクシーの運転手と会話がすすんでいく。

ちょうど向こうから来た空車に縋りつく気持で手をあげ、恐る恐る道を渡って運転台をのぞくと、目つきの悪くない、制服姿の年輩の人だ。
「すみません。今来られたほうへ、車、引き返してもらえますか」
「そりゃ構わんですが、この先、もうちょっと行かないと車は廻せないんで……」
「どうぞ。じゃあ、お願いします」
車の向きが変わって、座席からながめる制帽の下には、白いものがたくさんまじっている。しかもそれは、大分衰えている。
「どこへ行きなさる」
「このまま、できるだけ川から離れないで奥へ入りたいんです」
バックミラーの中の顔は、はじめ疑わしそうであったが、飛行場からまっすぐ来たというと、しだいに同情的になり、協調的になり、やがて［　　　］になった。「川の水がこんなに少なくなって……」と呟くと、「ちょっと停めてあげよう」と、向こうも独りごとのように言う。
さっきまでは知らなかった人が、私のそばに立っている。並んで川岸から流れを眺めている。
「発電所に、どうしても水をとられてしまう。わしらのまだ若かった頃には、ここを、帆掛舟がたくさん下って行ったものだったが……」
「向こうの川原のトラックは、砂利を運び出すんですか」
「そう。道があるから川が濁る。道がなくなれば川も澄む」
「さっき、鮎の養殖場がありましたね」
「地鮎が減って、この川でさえ、遠くの湖から※1稚魚を運んで来て放流するほどなんだから……」
「養殖のは、大きくて立派そうでも身がしまっていないし、第一苔の匂いがないでしょう」
「この魚ばかりは、肥っていちゃ駄目だ。うまくない。第一見た目がよくない。苔と言いなさったが、あれは※2珪藻と言うんです。※3精悍でね、そのくせ上品としか言いようのないあの魚のからだの色合は、珪藻を食べていればこそのものですよ。一枚のお皿の中に、刃物を知らない全身がおさまって、それがちゃんと絵になっている。たいして大きくもないその一尾だけで、立派に食卓を支えることができる。それが鮎です。風格というのはあらそえないもんだ」
ａ私は気づかれないようにそっと隣りの人の横顔をうかがう。
再び乗り込んだ車が、相変わらずあまり速度を上げないことにいくらか安堵する。窓をいっぱいに明けているので、川音がよく入る。流れが大きくくねって、水の中にはじめて数人の漁姿を見た。

大切なことはメモしておこうネ！

2022年度

解 答 と 解 説

《2022年度の配点は解答欄に掲載してあります。》

＜数学解答＞

1 (1) $55ab$ (2) $(x+3)(x+2)$ (3) $\dfrac{st}{10}$ (4) $\angle x=130°$
(5) $1.625 \leqq x < 1.635$

2 (1) 21通り (2) 6通り (3) $\dfrac{1}{9}$

3 (1) $a=\dfrac{1}{2}$ (2) $\dfrac{5\sqrt{5}}{2}$ (3) 12

4 (1) $\dfrac{4\sqrt{5}}{3}\pi$ (2) 1：19 (3) $\dfrac{\sqrt{5}}{4}$

5 (1) $5\sqrt{2}$ (2) $\dfrac{5\sqrt{2}}{2}$ (3) 3：4

6 (1) $36\sqrt{3}$ (2) $2\sqrt{7}$ (3) $\sqrt{21}$

○推定配点○
各5点×20　計100点

＜数学解説＞

基本 **1** （単項式の除法，因数分解，平方根，角度，近似値）

(1) $15a^2b \div \dfrac{3}{11}a = 15a^2b \times \dfrac{11}{3a} = 55ab$

(2) $(x+3)^2-(x+3)=(x+3)\{(x+3)-1\}=(x+3)(x+2)$

(3) $\sqrt{0.06}=\sqrt{\dfrac{6}{100}}=\dfrac{\sqrt{2}\times\sqrt{3}}{10}=\dfrac{st}{10}$

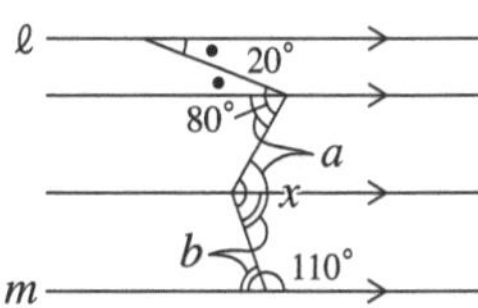

(4) 右の図で，平行線の錯角は等しいから，$\angle x=\angle a+\angle b=(80°-20°)+(180°-110°)=130°$

(5) 真の値の範囲は，$1.625 \leqq x < 1.635$

基本 **2** （場合の数，確率）

(1) 右の表の○印の場合だから，21通り

(2) 右の表のかげの部分の場合だから，6通り

(3) $b=\dfrac{6}{a}$を満たすのは，$(a,\ b)=(1,\ 6)$，$(2,\ 3)$，$(3,\ 2)$，$(6,\ 1)$の4通りだから，求める確率は，$\dfrac{4}{36}=\dfrac{1}{9}$

a＼b	1	2	3	4	5	6
1	○	○	○	○	○	○
2		○	**○**	○	○	○
3			○	**○**	**○**	○
4				○	**○**	**○**
5					○	**○**
6						○

3 （図形と関数・グラフの融合問題）

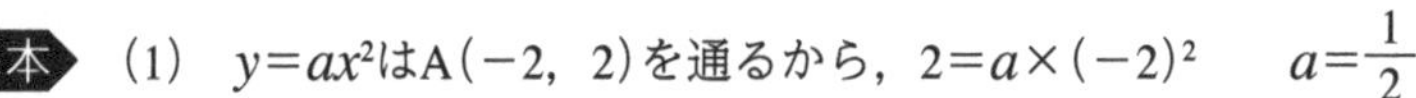

基本 (1) $y=ax^2$はA$(-2,\ 2)$を通るから，$2=a\times(-2)^2$　$a=\dfrac{1}{2}$

基本 (2) $y=\dfrac{1}{2}x^2$に$x=3$を代入して，$y=\dfrac{1}{2}\times3^2=\dfrac{9}{2}$　よって，P$\left(3,\ \dfrac{9}{2}\right)$　2点間の距離の公式よ

り，$AP=\sqrt{\{3-(-2)\}^2+\left(\frac{9}{2}-2\right)^2}=\sqrt{\frac{125}{4}}=\frac{5\sqrt{5}}{2}$

重要 (3) AC：CP＝1：2＝2：4より，点Pのx座標は4である。$y=\frac{1}{2}x^2$に$x=4$を代入して，$y=\frac{1}{2}\times4^2=8$ よって，P(4, 8) 直線APの傾きは，$\frac{8-2}{4-(-2)}=1$だから，直線APの式を$y=x+b$とすると，点Pを通るから，$8=4+b$ $b=4$ よって，C(0, 4) したがって，△AOP＝△AOC＋△POC＝$\frac{1}{2}\times4\times2+\frac{1}{2}\times4\times4=12$

4 （空間図形の計量）

重要 (1) 底面の半径をrとすると，$2\pi r=2\pi\times3\times\frac{240}{360}$ $r=2$ 円すいの高さは，$\sqrt{3^2-2^2}=\sqrt{5}$ よって，円すいの体積は，$\frac{1}{3}\pi\times2^2\times\sqrt{5}=\frac{4\sqrt{5}}{3}\pi$

重要 (2) 相似比が1：2：3の立体の体積比は$1^3:2^3:3^3=1:8:27$だから，求める体積の比は，1：(27－8)＝1：19

基本 (3) 円すいBの高さをhとすると，$\frac{1}{3}\pi\times4^2\times h=\frac{4\sqrt{5}}{3}\pi$ $h=\frac{4\sqrt{5}}{16}=\frac{\sqrt{5}}{4}$

重要 ## 5 （空間図形の計量）

(1) $CE=\sqrt{EG^2+CG^2}=\sqrt{EF^2+FG^2+CG^2}=\sqrt{5^2+4^2+3^2}=\sqrt{50}=5\sqrt{2}$

(2) ∠EFC＝90° $CF=\sqrt{FG^2+CG^2}=\sqrt{4^2+3^2}=5$ $\triangle CEF=\frac{1}{2}\times CE\times FP=\frac{1}{2}\times EF\times CF$ よって，$FP=\frac{EF\times CF}{CE}=\frac{5\times5}{5\sqrt{2}}=\frac{5\sqrt{2}}{2}$

(3) 面AEFBとABCDを広げて考えると，CI＋IEの長さが最小になるのは，E，I，Cが同一直線上にあるときである。このとき，EA//BCだから，平行線と比の定理より，AI：IB＝EA：BC＝3：4

6 （平面図形の計量）

重要 (1) AからBCにひいた垂線をAHとすると，$CH=\frac{1}{2}BC=6$より，$AH=\sqrt{AC^2-CH^2}=\sqrt{12^2-6^2}=6\sqrt{3}$ よって，$\triangle ABC=\frac{1}{2}\times12\times6\sqrt{3}=36\sqrt{3}$

重要 (2) DH＝CH－CD＝6－4＝2 $AD=\sqrt{AH^2+DH^2}=\sqrt{(6\sqrt{3})^2+2^2}=4\sqrt{7}$ よって，AG＝DGだから，$AG=\frac{1}{2}AD=2\sqrt{7}$

やや難 (3) △EBDと△DCFにおいて，∠EBD＝∠DCF＝60°…① ∠EDF＝∠EAF＝60°，∠DEB＋∠EBD＝∠EDC＝∠EDF＋∠FDCより，∠DEB＝∠FDC…② ①，②より，2組の角がそれぞれ等しいので，△EBD∽△DCF EB：DC＝BD：CF＝DE：FD AE＝DE＝x，AF＝DF＝yとすると，BE＝$12-x$，CF＝$12-y$ EB：DC＝BD：CFより，$(12-x):4=8:(12-y)$ $(12-x)(12-y)=32$ $xy-12x-12y+112=0$…③ BD：CF＝DE：FDより，$8:(12-y)=x:y$ $xy-12x+8y=0$…④ ④－③より，$20y-112=0$ $y=\frac{28}{5}$ これを④に代入して，$\frac{28}{5}x-12x+\frac{224}{5}=0$ $32x=224$ $x=7$ よって，$EG=\sqrt{DE^2-DG^2}=\sqrt{7^2-(2\sqrt{7})^2}=\sqrt{21}$

★ワンポイントアドバイス★

6 (3)を除くと，取り組みやすい内容の問題であるから，ミスのないように慎重に解いていこう。

＜英語解答＞

1 ① winter ② 4 ③ April ④ ask

2 1 D 2 D 3 B 4 A

3 1 B 2 C 3 B

4 (聴導犬になる犬の条件で大切なのは)大きさ(ではなく)性格(である。)
(日本の聴導犬の数が少ない理由)・聴導犬の訓練にはたくさんの時間とお金がかかるから。
・聴導犬を訓練できる人の数が十分ではないから。

5 問1 Ⅰ A Ⅱ D Ⅲ B Ⅳ C 問2 理由1 学校に通うにはたくさんのお金がかかったから 理由2 女の子の多くは母親の家事を手伝う必要があったから
問3 3-1 D 3-2 A 3-3 B 問4 B 問5 greater 問6 C
問7 yourself

6 問1 (We can) decide what to eat (later.) 問2 ① A ② B ③ B

7 (例) I visited Hiroshima with my family last year. We went to the atomic bomb museum and saw a lot of pictures. At first I was very shocked to see the pictures. Then, I decided to study hard and learn more about atomic bombs.

○推定配点○

1～4 各2点×15 5 各4点×13 6 各3点×4 7 6点 計100点

＜英語解説＞

1 (リスニング問題)

Today, you are going to talk about your (winter) holidays. Now, please make groups of (4) people. Then, decide the order who speaks first by birthday. People born in (April) are the first speakers. Each has one minute to speak. After the speech, listeners should (ask) a question to the speaker.

今日，あなたたちは冬休みについて話します。さあ，4人のグループを作ってください。そして，誕生日によって話す順番を決めてください。4月に生まれた人たちが最初の話者です。それぞれ話す時間は1分あります。スピーチの後，聞いた人たちは話者に質問しなさい。

2 (リスニング問題)

(1) We see this sign in a train station. We can keep our baggage in a locker.

(2) We see this sign in a museum. It means we must not talk on the phone.

(3) We see this sign on the road. It means only bicycles can use this road.

(4) We see this mark on food packaging. We should recycle the package instead of throwing it away in the garbage.

(1) 私たちはこの表示を電車の駅で見ます。私たちは荷物をロッカーに保管することができます。

(2) 私たちはこの表示を博物館で見ます。それは電話で話してはいけないことを意味します。

(3)　私たちはこの表示を道路で見ます。それは自転車だけがこの道を使えることを意味します。

(4)　私たちはこの表示を食物の包装で見ます。私たちはその包装をゴミ箱に捨てるのではなく，リサイクルするべきです。

3　(リスニング問題)

A：Did you watch the Olympic Games in Japan last summer?

B：Yes, I saw the skateboarding event on TV. It was my first time to see skateboarding, but I really enjoyed it!

A：There were many sports we didn't know. By the way, do you know kabaddi? It's a national sport in India.

B：I've never heard of it. What is it?

A：It's a team sport like onigokko. A player has to touch a member of the other team to get a point. The player has to keep saying "kabaddi, kabbadi, kabbadi".

B：Exciting! Do they play on a court?

A：Yeah! A court for kabaddi is as large as a badminton court, but it's smaller than a tennis court.

B：I see. How many players are on the court at one time?

A：Each team has 7 players on the court at one time. So, when we have a game, 14 people are playing.

B：And how long is the game?

A：It's 15～20 minutes for one half of the game, so it takes 30～40 minutes in total.

B：Sounds very interesting!

A：Kabaddi is now played in many countries such as Canada, South Korea and Kenya.

B：Great! I want to try it someday.

A：去年の夏，日本のオリンピックの試合を見ましたか。

B：はい，私はスケートボードのイベントをテレビで見ました。スケートボードを見るのは私は初めてでしたが，それを本当に楽しみました。

A：私たちの知らないスポーツがたくさんありましたね。ところで，あなたはカバディを知っていますか。それはインドの国技です。

B：聞いたことがありません。それは何ですか。

A：それは鬼ごっこのようなチームスポーツです。ポイントを取るために，選手は他のチームの選手にタッチしなければなりません。選手は「カバディ，カバディ，カバディ」と言い続けなければなりません。

B：興奮しますね！　選手はコートでプレイするのですか。

A：はい！　カバディのコートはバドミントンのコートと同じくらいの大きさですが，テニスコートより小さいです。

B：なるほど。1度に何人の選手がコートにいますか。

A：それぞれのチームはコートの上に1度に7人の選手を持ちます。よって，試合があるときには，14人がプレイしています。

B：それから試合はどれくらいの長さですか。

A：試合のハーフ1つが15分から20分なので，全部では30分から40分かかります。

B：とても面白そうですね。

A：カバディは今，カナダ，韓国そしてケニアなど多くの国々で行われています。

B：いいですね！　いつか挑戦してみたいです。

Question 1　In which country is kabaddi played as a national sport?

A. Japan　B. India　C. Canada　D. Korea

Question 1 「カバディはどの国で国技として行われるか。」

A 日本　B インド　C カナダ　D 韓国

Question 2　What sport uses the same size court as kabaddi?

A. Olympics　B. skateboarding　C. badminton　D. tennis

Question 2 「どのスポーツがカバディと同じサイズのコートを使うか。」

A オリンピック　B スケートボード　C バドミントン　D テニス

Question 3　How many players are on the court at one time when they have a kabaddi game?

A. 7　B. 14　C. 15　D. 40

Question 3 「カバディの試合をするとき，1度に何人の選手がコート上にいるか。」

A 7人。　B 14人。　C 15人。　D 40人。

4 （リスニング問題）

Do you know 'hearing dogs'? They are service dogs. They help people who have trouble hearing. For example, these dogs can tell their owners of a sound like a doorbell, alarm clock or fire alarm. Both small and large dogs can become a hearing dog. But their character is important. They need to be calm, friendly, and sensitive to sounds.

Hearing dogs are very helpful, but there are not enough in Japan. The reason is that it takes a long time and costs a lot of money to train a hearing dogs. Another reason is there are not enough people who can train these dogs.

We need to find a way to increase the number of hearing dogs in order to help more people.

「聴導犬」を知っていますか。それは介助犬だ。それは聴覚に障害を持つ人々を助ける。例えば，この犬は主人に，ドアベル，目覚まし時計，また火災報知器の音を教える。小さな犬でも大きな犬でも両方が聴導犬になることができる。しかしその性格が重要だ。犬は静かで，友好的で，また音に敏感である必要がある。

聴導犬はとても役に立つが，日本ではまだ十分にいない。その理由は，聴導犬の訓練にはたくさんのお金がかかるからだ。もう1つの理由は，聴導犬を訓練できる人の数が十分ではないからだ。

私たちは，もっと多くの人たちを助けるために，聴導犬の数を増やす方法を見つける必要がある。

5 （長文読解問題・説明文：語句補充，内容吟味，語句解釈，比較）

（全訳）ワンガリ・マータイは環境活動家であり，アフリカの女性として初めてノーベル平和賞を受賞した。ワンガリは常に正義のために行動する勇気を持っていた。

彼女が子供の頃，<u>Ⅰワンガリは何か新しいことを学ぶのが大好きだった</u>。彼女は学校に行きたかったが，<u>(2)女の子が学校に行くのは困難だった</u>。当時のケニアでは，学校に行くのに多額の費用がかかった。また，ほとんどの女の子は母親の家事を手伝わなければならなかった。状況は厳しいものだったが，ワンガリの両親は彼女に学校に行ってほしいと思っていた。彼らは彼女が頭が良くて努力家であることを知っていた。結局，彼女の両親は彼女を学校に送ることができた。ワンガリは<u>(3-1)驚き</u>に満ちた。彼女は両親が誇りに感じるようにすることに決めた。この瞬間，彼女の人生は人々のために行動を起こす方向に動き始めた。

アメリカの大学を卒業した後，<u>Ⅱワンガリはケニアに戻り，彼女の国で働くことを決心した</u>。しかし，彼女がケニアに到着したとき，彼女はほとんどの自然環境が破壊されたことにショックを受けた。さらに，女性の権利の(4)侵害があった。これらの問題の両方を解決するために，彼女は有名なグリーンベルト運動を始めた。多くのケニア人が運動に参加し，一緒に働いた。ワンガリとケニアの人々の関係はより緊密になった。

しかし，政府はワンガリの活動を好まなかった。彼らは，ワンガリが自分たちよりも(5)大きな力を持っていると思ったので，何度もワンガリを逮捕した。ある日，ワンガリは政府がウフルパークに高層ビルを建設することを計画していると聞いた。彼らはそのような高い建物を作ることによって自分たちがどれほど強力であるかを示したかったのだ。ケニアの人々は，ウフルパークの自然を愛していたので，そのニュースを聞いて(3-2)怒っていた。ⅢワンガリはKenya の人々のために立ち上がった。彼女は他の国の多くの指導者に手紙を送った。彼女は彼らにケニアの現実について話した。彼女が政府に反対するのは危険だった。彼女は殺されるかもしれない。しかし，彼女は自分自身に「できることは何でもしろ。沈黙するな。」と言った。彼女には多くの困難な状況にあったが，あきらめなかった。彼女はより強くなった。その後，新聞は政府の計画と(6)彼女の声を報じた。徐々にケニアの人々は彼女の声に勇気づけられた。彼らはワンガリのように公の場で自分の意見を表明し始めた。その後まもなく，政府は高層ビルを建設する計画を中止した。Ⅳワンガリはケニアの人々と一緒に成功した。

2005年，ワンガリは来日し，創価学園の創設者である池田大作博士と面会した。池田先生は「なんでこんなに綺麗な笑顔なの？」と尋ねた。彼女は「私はいつも(3-3)幸せだと感じているからです。生きていることは奇跡です！」と答えた。彼女はまた，若い人たちに「何かを変えたいのなら，まず[自分自身]を(7)変え，先導しなければならない。」と語った。彼女の努力と考え方は，将来の世代を励まし続けるだろう。

問1　Ⅰ　直後にある「彼女は学校に行きたかった」という内容に合うので，Aが答え。

Ⅱ　直後に「彼女がケニアに到着したとき」とあるので，Dが答え。

Ⅲ　直後にワンガリが実際にとった行動が書かれているので，Bが答え。

Ⅳ　ワンガリの行動の結末を述べているので，Cが答え。

問2　「学校に行くのに多額の費用がかかった」，「ほとんどの女の子は母親の家事を手伝わなければならなかった」という2つの理由が書かれている。

問3　(3-1)　初めて学校に行ったワンガリの様子に合うので，Dが答え。

(3-2)　ケニアの人々は政府に反抗したので，Aが答え。

(3-3)　ワンガリが綺麗な笑顔をしている理由に合うので，Bが答え。

問4　violation は「侵害，違反，妨害」といった意味を表す。

問5　後に than があるので，比較級にする。

問6　ワンガリは政府の考えに反対し，自分の考えを実現するための声を上げたので，Cが答え。

重要　問7　ワンガリは自分の運動を成功させるために，「できることは何でもしろ。沈黙するな。」と自分自身に言い聞かせ，努力した。こうした行動から，まず「自分自身」を変えていくことが重要だとする考えを持っていたと思われる。

6 （会話文問題：語句整序，語句補充）

観光案内

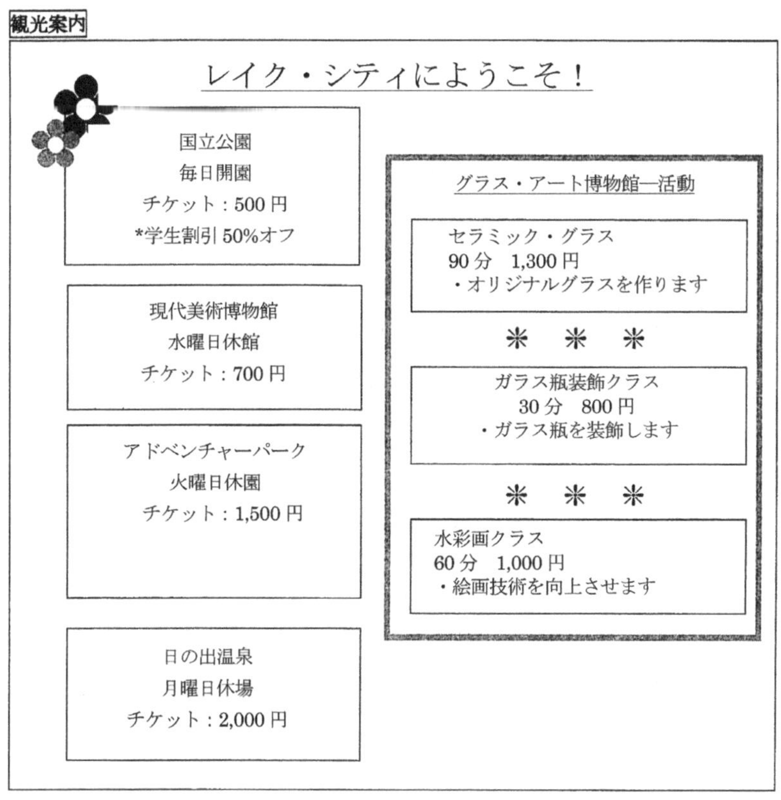

ミカ：修学旅行の予定表を作りましょう。
ユキ：私たちは9時にレイク・シティー港で会います。リン，最初どこに行きたいですか。
リン：私は現代美術博物館に興味があります。
ミカ：私もです。いくつか美しい絵があるそうです。
ユキ：でも修学旅行は水曜日なので，博物館は閉館しています。
ミカ：それは残念。日の出温泉に行くのはどうですか。
リン：いいですね。私は日本の温泉に行ったことがありません！
ユキ：うーん，でも少し高くないですか。
リン：その通り。では国立公園に行きましょう。毎日開いているし，学生割引も受けられます。チケットが半額になります。
ミカ：それはいい考えです！
リン：レイク・シティー港からは国立公園まで船で行けます。
ユキ：私たちはそれぞれ1日のフリーパスがあるので，どんな交通手段でも無料で乗れます。
リン：いいですね！　国立公園にはいいレストランがあるそうです。そこで昼食にしましょう。
ミカ：それは時間しだいです。もし十分な時間があれば，そこで昼食をとれます。もしそうでなければ，コンビニ店で昼食を買いましょう。どちらにしろ，昼食用に1,000円用意しましょう。(1)私たちは後で何を食べるか決められます。
リン：昼食後，グラス・アート博物館へ行くんですね。そこでは何をしますか。
ユキ：博物館ではいくつかの活動を楽しめます。どの活動をしましょうか。
リン：私は水彩画のクラスを受けてみたいです。

ユキ：でも絵画教室を受けるのに十分な時間がありません。私たちはそこにたった50分しかいられないので，他のクラスを選ぶべきだと思います。

リン：わかりました。

ミカ：両親に何かお土産を買うのはどうですか。

リン：それはいい考えです。私は両親にスイーツを買いたいです。

ミカ：私たちはABCショッピングストリートでお土産を買えます。

リン：オッケイ，そうしましょう！

ユキ：さあ，修学旅行の準備ができました。私はレイク・シティーを訪問するのを本当に楽しみにしています。

基本 問1 〈what to ～〉で「何を～するべきか」という意味を表す。

問2 **行動メモ**

予定表		メモ
9:00	レイク・シティー港	*****************************
9:10	船（30分）	メモ
10:40	【 ① 】	・移動手段
11:30	昼食	・昼食
12:30	バス（20分）	・チケット
12:50	グラス・アート博物館【 ② 】クラス	・グラス・アート博物館での活動
13:40	バス（20分）	・合計：【 ③ 】円
14:00	ABCショッピングストリート	*****************************

① 船に乗って国立公園に行こうというリンの提案に，他の2人は賛成しているので，Aが答え。

② グラス・アート博物館では50分しかいられないと言っているので，Bが答え。

③ 移動手段はすべて無料なので，計算に入れない。最初に行く国立公園は500円かかるが，学生割引によって250円になる。昼食は1,000円用意すると言っている。ガラス瓶装飾クラスは800円だとある。合計するとBが答え。

7 （条件英作文）

文の数など与えられている条件をよく守って書くように心がける。また，スペルミスや文法上のミスなどは減点対象になるので，注意したい。抽象的な内容ばかりでなく，なるべく具体的な内容を考えて書くようにする。

★ワンポイントアドバイス★

5 問2では，〈it is ～ for S to …〉が使われている。「～」に入る語が人間の性質を表すものであるときは for ではなく of を使うことを覚えておこう。（例）It was kind of you to help me.「私を手伝ってくれてあなたは親切だった。」

＜国語解答＞

【一】 問1 ウ　問2 ア　問3 ウ　問4 心得ている者　問5 熱中
問6 （例） 運転手自身がその理由に納得していない　問7 エ　問8 イ

【二】 問1 ① 栽培　② 総出　③ 沈着　④ 犠牲　⑤ 悠久　問2 イ
問3 ウ　問4 自分だけ，涼しい思いをするのは悪い(という気持ち)
問5 我田引水　問6 エ　問7 イ　問8 （例） (日本人は,)相手の心に同調して思いやることができる気質を持っているから。　問9 ア・ウ

【三】 問1 ① みおくって　② なごりおしゅう　③ たまう[たもう]
問2 A 三位・俊成卿　B 薩摩守・忠度　C 三位・俊成卿
問3 （例） 三位[俊成卿]が，薩摩守[忠度]の，勅撰集に自分の和歌を選んでほしいとの願いを，かなえること。　問4 忠度のあり～なりければ　問5 その身朝敵

【四】 （例） 私は個人の意志を尊重することを大切にしたい。個人の意志を尊重することで，より良い集団の意志につながるからだ。個人の意志を尊重することで他の人の意志も尊重しようと思い，お互いの意志を尊重しながら，集団の意志も個人を考慮したものになっていくと思う。(122字)

○推定配点○

【一】 問6 6点　他 各3点×7　【二】 問1・問5 各2点×6　問8 6点
問9 4点(完答)　他 各3点×5　【三】 問3 6点　問4・問5 各3点×2　他 各2点×6
【四】 12点　計100点

＜国語解説＞

【一】 (小説ー情景・心情，内容吟味，脱語補充，語句の意味)

問1 空欄はタクシー運転手と次第に親しくなっていく様子を表すので，互いに親しむさまという意味のウが当てはまる。アは現実の世界から離れた，夢を見ているようなさま。イはある物事を象徴，暗示するさま。エはきちんと筋道立てて考えるさま。

問2 ——部aは，運転手が鮎のことを詳しく話していることに対する「私」の様子で，a後でも鮎釣りのことを話す運転手に対して「どうも，普通の運転手とはちがう」と思っていることから，アが適切。運転手が鮎に詳しいことを不思議に思っていることを説明していない他の選択肢は不適切。

問3 ——部bは車が停まったことに対し「見たいだけ見なさいということだろう」と気遣いを察し，この先も「こんな調子で走ったり，停ったりしてくれそうな」運転手の雰囲気に安心している心情を表しているので，ウが適切。運転手の雰囲気に安心していることを説明していないア，エは不適当。イの「休憩できた」も不適切。

基本 問4 ——部c直後で，運転手がcのことを「心得ている者(6字)」と話している。

問5 「うつつを抜かす」は物事に必要以上に「熱中」していること。「うつつ」は「現」と書き，現実や本心，正気という意味。

やや難 問6 ——部e前で，鮎釣りをやめた運転手に会社を辞めようと決意した自分のことを重ね，そう決めた理由はいくつかあげられるが，自分に対しても説明のしようのない一瞬だった，という「私」の心情が描かれていることから，鮎釣りはやめたのにその土地を離れないのは，運転手自身も鮎釣りをやめた理由がはっきりせず，納得していないからだと「私」が理解したことが読み取れる。

問7 冒頭の《これまでのあらすじ》にあるように，「私」は昔を懐かしみ，かすかな記憶をたよりに

家族で鮎を食べた店に行こうとしている。運転手とのやり取りを通して，自分の記憶の中の鮎をさらに確かめたいと思い，――部fのように言っているのでエが適切。「自分の記憶の中にある鮎という存在」を確かめることを説明していない他の選択肢は不適切。

重要 問8 イは「西風が……」で始まる段落で描かれている。アの「鮎釣りを楽しみにしている」，ウの「過去の思い出に心地よさを感じている」，エの「会社を辞めた理由を運転手に説明した」はいずれも描かれていないので不適切。

【二】（論説文―大意・要旨，内容吟味，文脈把握，脱語補充，四字熟語，漢字の書き取り）

基本 問1 ――線部①の「栽」を「裁」など，「培」を「倍」などと間違えないこと。――線部②は全員がそろって出ること。――線部③を含む「冷静沈着」は落ち着いていて物事に動じないこと。――線部④はいずれの部首も「牛(うしへん)」であることに注意。――線部⑤は過去から未来まで果てしなく続くこと。

問2 空欄Aは「他の人と同じであること」とは反対のことが入るので，イが適切。

重要 問3 ――線部aは，道ばたで出会った日本人の女性二人のうち日傘をさしている一人が，もう一人が日傘を持っていなかったことで日傘を閉じたことに対するものなので，ウが適切。「アメリカ」を関連づけて説明しているア，イは不適切。エの「効率的に……しのいでいた」，オの「優越感を感じている」も不適切。

問4 ――線部bには，直前の段落で述べている「自分だけ，涼しい思いをするのは悪い(17字)」という日本人にはごく当たり前の感覚が働いている。

問5 空欄Bに入る四字熟語は「我田引水(がでんいんすい)」である。

問6 空欄Cは「秩序を保ちながら長い行列を作」り「被災者どうしが思いやり，助け合」う日本人の態度と行動のことなので，上品さや気高さがあるさまという意味のエが適切。アはものごとなどに対して呼び起こされるさまざまな感情や雰囲気。イは態度や体格などから感じられる，その人に備わった重みや立派さ。ウは近寄りがたいほど堂々として立派なこと。オは自分の能力や価値などを信じること。

問7 ――線部c後「稲作は大陸から……」で始まる段落で「日本では新しいもの，優れたものはすべて海を越えてやってきた」ため「今でも外国のものをありがたがり，外国の考え方や習慣を取り入れようとする傾向にある」と述べているので，このことに当てはまるイが適切。この段落内容を踏まえていない他の選択肢は不適切。

重要 問8 ――線部d後「相手の心に……」で始まる段落でdの説明として「相手の心に同調して，悲しい気持ちを共有できる日本人。そして，相手の気持ちを慮って笑顔を見せる日本人気質がそこにはあるのだ。」と述べているので，この部分の要旨を理由としてまとめる。

やや難 問9 アは「科学技術が発達した……」から続く2段落，ウは「日本の人たちは……」から続く3段落で述べている。イの「異質なものとして不思議がられている」は本文では「賞賛された」と述べているので合っていない。エの「日本人は独創的でこだわりが強く」，オの「否定し」「取り入れるべきだ」，カの「稲作技術が世界に誇れるもので……広めるべきだ」はいずれも述べていない。

【三】（古文―内容吟味，文脈把握，口語訳，仮名遣い）

〈口語訳〉 三位(俊成卿)はこの巻物を開けて見て，「こんな形見の品をいただきましたからは，(ご依頼を)決していい加減にはいたしません。お疑いにならないでください。それにしてもただ今のご訪問は，風情もとても深く，しみじみとした気持ちも特に優れて感じられて，感涙をこらえることができません」とおっしゃると，薩摩守は喜んで，「今は西海の波の底に沈むなら沈んでもよい，山野に(自分の)死体をさらすのならさらしてもよい，この世に思い残すことはございません。

それではお別れ申して（行きます）」といって，馬に乗り，甲の緒をしめて，西の方に向かって（馬を）歩ませなさる。三位（俊成卿）は後ろ姿を遠くまで見送って立っておられると，忠度の声と思われて，「前途の道のりは遠い。雁山の夕方の雲に思いを馳せる」と，（中国の詩を）口ずさまれたので，俊成卿はますます名残惜しく思われて，涙をこらえて（屋敷に）お入りになる。

その後戦乱が収まって，千載集を編集なさったときに，忠度の以前の様子や，言い残した言葉を，今改めて思い出されてしみじみと心打たれたので，（忠度から渡された）あの巻物の中に，（千載集にのせるのに）ふさわしい歌はたくさんあったけれども，（忠度は）天皇のとがめを受けた人なので，名前を表に出さず，「故郷花」という題で，お詠みになられた歌一首だけを，「作者不明」として（千載集に）お入れになった。

かつて都があった志賀の地は荒れてしまったが，昔どおり長良山の桜は美しく咲いていることだ。（忠度は）その身が朝廷の敵になってしまったので，とやかく言うことはできないが，残念なことである。

基本 問1 ——線部①の「つ」は現代仮名づかいでは促音の「っ」と読むので「みおくって」である。歴史的仮名づかいの「イ段＋う」は現代仮名づかいでは「イ段＋ゅ＋う」，語頭以外の「は・ひ・ふ・へ・ほ」は「わ・い・う・え・お」，「ア段＋う」は「オ段＋う」になるので，——線部②の「なごりおしう」は「なごりおしゅう」，——線部③の「たまふ」は「たまう」あるいは「たもう」である。

問2 ～～線部Aは「三位（＝俊成卿）」が，薩摩守（＝忠度）の訪問に感涙をこらえることができない，と話している。～～線部Bは「薩摩守（＝忠度）」が，今は西海の波の底に沈むなら沈んでもよい，と思うほどこの世に思い残すことはない，という心情を話している。～～線部Cは「三位（＝俊成卿）」が，忠度の様子や言い残した言葉を改めて思い出している。

やや難 問3 直前の口語訳にあるように，薩摩守（＝忠度）は自作の和歌を三位卿（＝俊成卿）に預け，勅撰和歌集に一首でも選んでほしいという依頼をしている。——線部は，その依頼を受けることを「お疑いにならないでください」と話しているので，「三位が，薩摩守の依頼を，かなえること」を具体的に説明する。

問4 三位卿が勅撰和歌集である千載集を編集していたとき，「忠度のありし有様，いひおきし言の葉，今更思ひ出でて哀れなりければ」，「故郷花」という題の一首を「作者不明」として入れた，と述べている。

重要 問5 最後の「その身朝敵……事どもなり。」の一文で，忠度について，勅撰和歌集にふさわしい歌はたくさんあったが，朝廷の敵になってしまったため「作者不明」として名前を出すこともできず，しかも一首だけであったことを，残念なことである，と作者の感想を述べている。

【四】（作文）

解答例では，個人の意志を尊重することがより良い集団の意志につながることを理由に「個人の意志を尊重すること」を大切にしたい，という立場で述べている。「集団の意志を尊重する」という立場では，秩序ある社会を作るには必要だからなどの理由が考えられる。いずれの場合も《条件》にあるように，具体的な「理由・根拠」を挙げて述べることが重要だ。

★ワンポイントアドバイス★

小説では，誰の視点から描かれているかを読み取っていくことも重要だ。

大切なことはメモしておこうネ！

T.G

2021年度

★★★★★★★★★★★★★★★★★★★★★★★

入　試　問　題

2021年度

創価高等学校入試問題

【数　学】（50分）　<満点：100点>

【注意】 定規，コンパス，分度器，電卓等を使用してはいけません。

1　次の問いに答えなさい。

(1)　$8-(-4^2)\div(-2)$ を計算しなさい。

(2)　$a=3+\sqrt{5}$，$b=3-\sqrt{5}$のとき，a^2-ab の値を求めなさい。

(3)　2次方程式 $x(x+1)=56$ を解きなさい。

(4)　936をできるだけ小さい自然数で割って，ある整数の2乗にしたい。いくつで割れば良いか求めなさい。

(5)　下の図で，$\ell /\!/ m$ のとき，$\angle x$ の大きさを求めなさい。

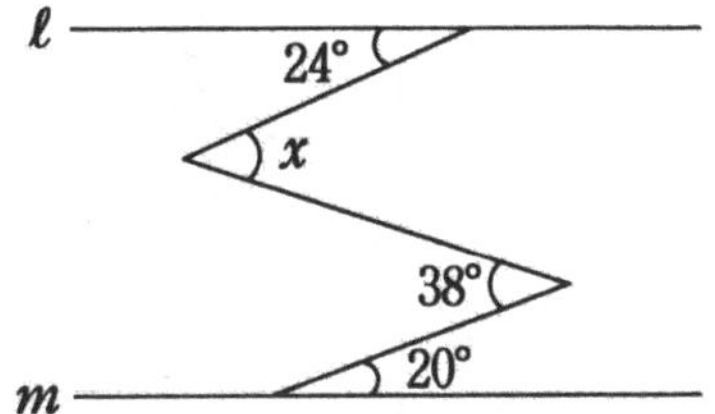

(6)　関数 $y=\dfrac{a}{x}$について，$x=3$のとき，$y=4$である。xの変域が$1\leqq x\leqq 6$のとき，yの変域を求めなさい。

2　明さんは，3ケタの整数が9の倍数になるかどうかの判定に，文字式を利用することにした。以下は，明さんが考えた記述の一部である。次の問いに答えなさい。

> 3ケタの整数の百の位の数をa，十の位の数をb，一の位の数をcとすると，3ケタの整数は，$100a+10b+c$と表せる。
>
> $$\begin{aligned} &100a+10b+c \\ =&99a+a+9b+b+c \\ =&9(11a+b)+(a+b+c) \end{aligned}$$

(1)　明さんの記述の最後の部分にある $(a+b+c)$ が何を表していて，それがどのようになるとき，3ケタの整数が9の倍数と判定できるか，解答用紙の（　　）にあてはまる言葉を入れて答えなさい。

(2)　明さんの考えを参考にして，4ケタの整数が3の倍数になるのは，何がどのようになるときか答えなさい。ただし，4ケタの整数をそのまま3で割って判定することは，なしとする。

3　図のように，点Oを中心とする円がある。A，B，C，Dは円周上の点であり，ACとBDの交点をEとする。また，∠OAD＝40°，∠OCB＝30°である。次の問いに答えなさい。

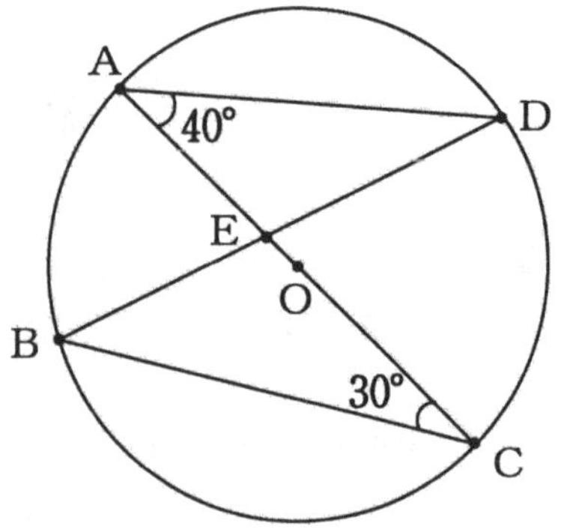

⑴　∠AEDの大きさを求めなさい。

⑵　∠ACDの大きさを求めなさい。

⑶　弧ADと弧BCの長さの比を求めなさい。

4　図のように，関数 $y=\frac{1}{2}x^2$ と $y=-\frac{1}{3}x^2$ のグラフがある。関数 $y=\frac{1}{2}x^2$ のグラフ上で，x 座標がそれぞれ－2，4の点をA，Bとする。直線OAと関数 $y=-\frac{1}{3}x^2$ のグラフとの交点をC，直線OBとの交点をDとするとき，次の問いに答えなさい。

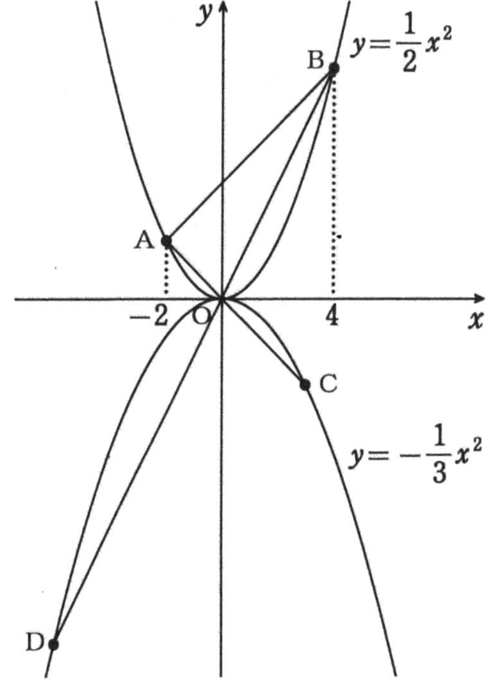

⑴　直線ABの式を求めなさい。

⑵　△OABの面積を求めなさい。

⑶　△OCDの面積を求めなさい。

5　①から⑥の数字が書かれたカードがある。6枚のカードの中から2枚のカードを取り出し，取り出した順に左から右に並べて，書かれた数字をつなげた2ケタの整数をつくる。例えば，⑤，④の順にカードを取り出した場合は54という整数をつくることになる。次の問いに答えなさい。

⑴　2ケタの整数が「奇数」になるのは何通りか求めなさい。

⑵　2ケタの整数が「一の位より十の位のほうが大きい数」になる確率を求めなさい。

(3)　２ケタの整数が「２または３の倍数」になる確率を求めなさい。

6　右の図のように，長方形ＡＢＣＤがあり，辺ＡＤ上，辺ＤＣ上にそれぞれ点Ｅ，点Ｆをとる。ＡＥ＝７㎝，ＥＤ＝３㎝，ＤＦ＝２㎝，ＦＣ＝４㎝である。また，ＢＦとＣＥの交点をＧとする。四角形ＰＱＲＳが正方形となるように，線分ＢＧ上に点Ｐ，線分ＢＣ上に点Ｑと点Ｒ，線分ＣＧ上に点Ｓをとる。次の問いに答えなさい。

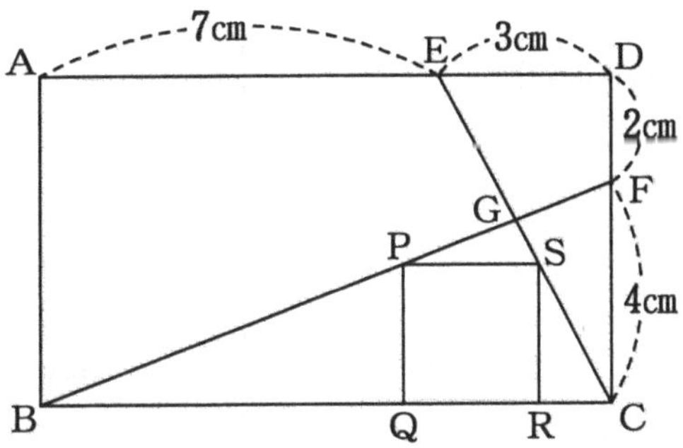

(1)　ＳＲ：ＲＣを求めなさい。

(2)　線分ＱＲの長さを求めなさい。

(3)　ＥＧ：ＧＣを求めなさい。

【英　語】（50分）　＜満点：100点＞　　**※リスニングテストの音声は弊社HPにアクセスの上，音声データをダウンロードしてご利用ください。**

【放送問題】

放送問題は①②③です。会話や質問など英文は全て１度しか放送されません。放送中にメモをとってもかまいません。

① 英語のアナウンスが放送されます。それぞれの２文目の（　）に入る語を聞き取って書きなさい。

1．・・・・・・・・・・・・・・・・・・・・・・.

The doors on the (　　　) side will open.

2．・・・・・・・・・・・・・・・・・・・・・・.

It is on the (　　　) floor.

3．・・・・・・・・・・・・・・・・・・・・・・.

Finish it by the next (　　　).

4．・・・・・・・・・・・・・・・・・・・・・・.

We hope that you will visit us again (　　　).

② 道案内の会話が放送されます。駅前で目的地までの行き方を尋ねている人と，説明している人の会話です。下の地図を見て会話を聞き，それぞれの目的地をA～Eの中から選び，記号で答えなさい。

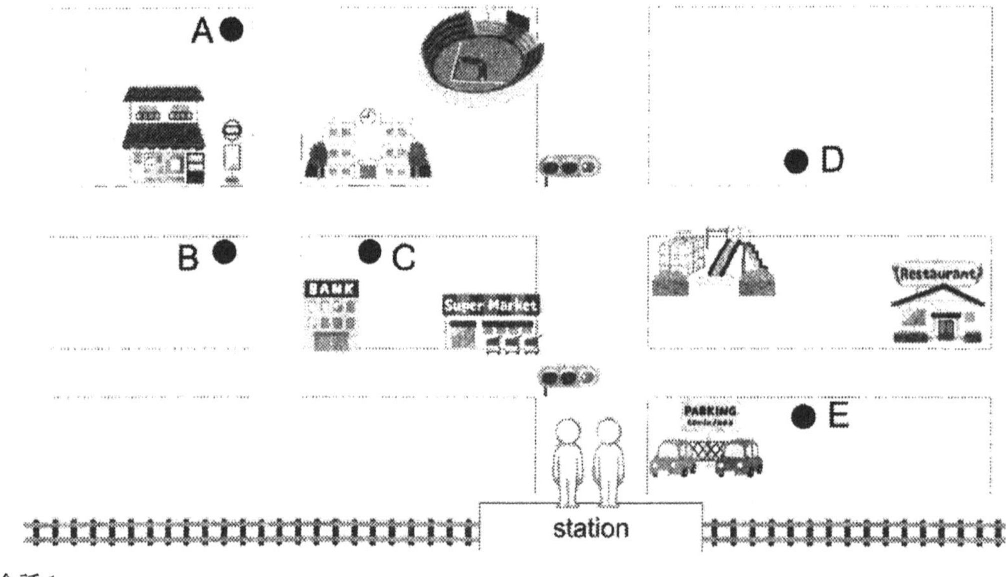

会話１

会話２

会話３

3　3人の話し合いが放送されます。SDGsの4つのうち1つを選び，さらに研究発表テーマ(research topic)を決めるための話し合いです。下の図と選択肢を見て，話し合いとそれに続く質問を聞き，答えを選びなさい。

Question 1

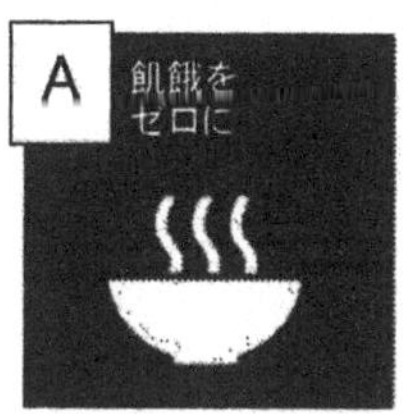

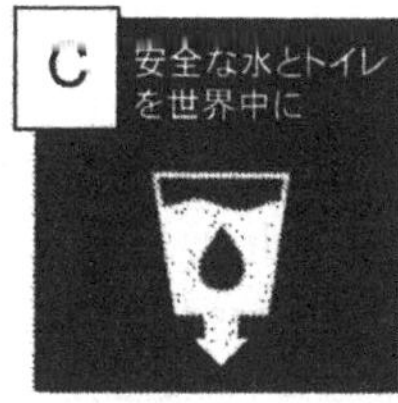

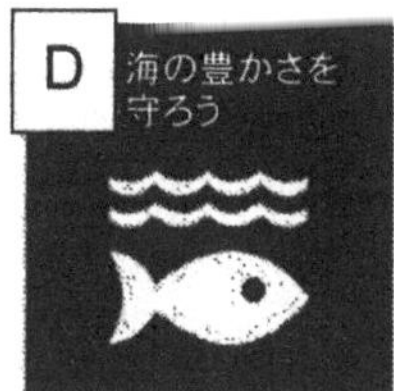

Question 2　(research topic)

A. World population
B. Food waste
C. Saving water
D. Ocean garbage

Question 3

A. They throw away much food.
B. They cannot go to school.
C. They don't have clean toilets.
D. They carry water every day.

Question 4

A. It is a very serious problem.
B. It is easy to collect information.
C. It is chosen by some other groups.
D. It is happening in our daily lives.

4－1　次のページの料金表を見て，問1，問2に示される状況にあてはまる金額をあとの選択肢から選び，記号で答えなさい。

問1　Mr. and Mrs. Yamada's son's 4th birthday is coming up next Sunday. He likes animals very much, so they will take him to the zoo on his birthday. He is looking forward to going out with his parents.
They will pay [　　] at the gate.

問2　Kaori is a high school student. She plans to go to the zoo next Saturday with her 10-year-old younger brother and their grandfather. He is 68. Kaori is going to book their tickets online.
They will pay [　　] online.

選択肢

A. ¥800	B. ¥990	C. ¥1,100	D. ¥1,260	E. ¥1,400

Central Zoo Ticket Prices

All visitors must have a date-specific ticket.

Adults (13 & over)	¥600
Children (3-12)	¥200
Seniors (65 & over)	¥300

**Discount: You can get <u>a 10% discount</u> if you book your ticket(s) online.*

4－2 下のグラフの 1 , 2 , 3 にあてはまる項目は何か。グラフの説明文を読み，あとの選択肢から選び，記号で答えなさい。

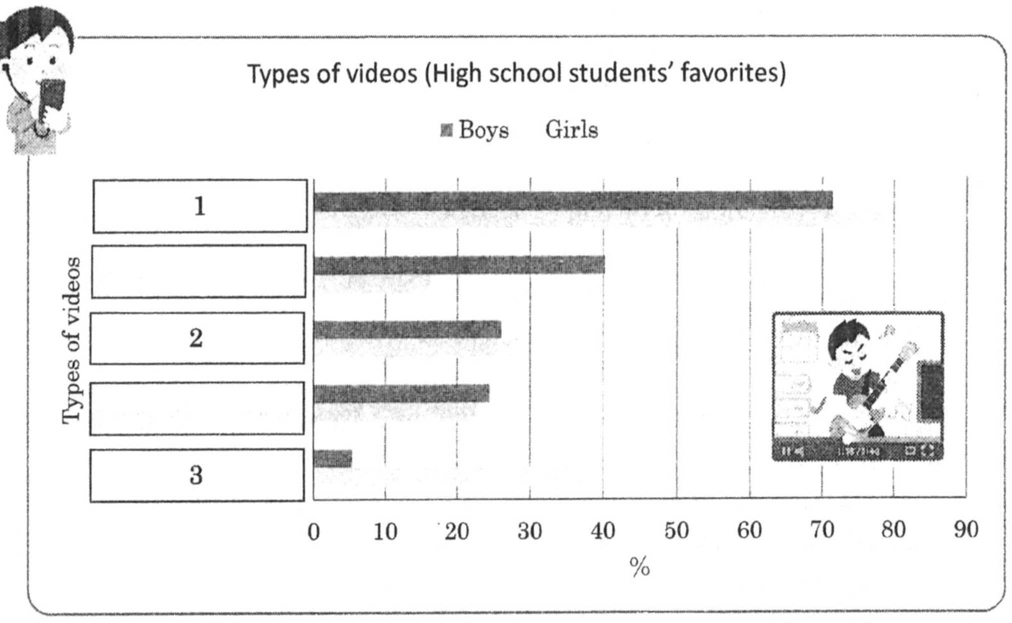

This graph shows which types of videos high school boys and girls like to watch. Music videos are very popular. More than 70 percent of both boys and girls answered that they like music videos.

Around 25 percent of both girls and boys answered that they like study and comedy videos. According to this graph, the percentage of girls who like to watch study programs is a little higher than that of boys. Comedy programs, on the other hand, are a little more popular among boys.

We can see the differences between boys and girls. About 40 percent of boys answered that they like game commentaries. In contrast, almost 40 percent of girls answered that they like fashion-related programs.

選択肢

A. Comedy	B. Fashion	C. Game commentaries
D. Music	E. Study	

5 英文（ライナス・ポーリング博士について）を読み，あとの問いに答えなさい。

Linus Pauling was born in 1901 in the U.S. He was a great scientist in the 20th century and is called "the father of modern *chemistry." In 1954, he won the Nobel Prize in Chemistry. He was also awarded the Nobel Peace Prize in 1962. (1)[receive / did / the Nobel Peace Prize / a scientist / why]?

* * * * * *

In 1945, atomic bombs were dropped on Hiroshima and Nagasaki. Pauling was very shocked at this. He thought that science must not be used in such a way. He felt that he had to do something as a scientist. So [I]. A few months later, he started a *movement against *nuclear weapons.

It was (3-1) to say "No" to nuclear weapons in those days. Pauling's movement was against the U.S. government. Many people and big companies supported the government. The government tried to stop Pauling in many ways. They stopped giving money for his scientific research and did not give him a passport. However, [II].

Thanks to his hard work for many years, a lot of people changed their minds. He was able to collect the *signatures of more than 10,000 scientists who were against nuclear weapons. They were from 49 countries around the world. (4)This had a big impact on stopping nuclear weapons testing. In 1962, Pauling received the Nobel Peace Prize for his great efforts. In the ceremony, he said that [III]. According to him, that power is stronger than the *evil power of nuclear weapons.

In the 1980s, Pauling had a chance to read books (5)write by Daisaku Ikeda, the founder of Soka Gakuen. He was surprised to know that Ikeda was also working hard for a world (3-2) nuclear weapons. He wished for a chance to meet Ikeda, and they finally met each other in 1987. They discussed the importance of human health and shared ideas on world peace. This dialogue was made into a book named "A Lifelong Quest for Peace." In this book, Pauling says that humans have two types of suffering: the suffering of illness and the suffering of war. In order to (6-1)get rid of both sufferings, he worked hard for human health and continued his movement against nuclear weapons.

Until he died at the age of 93, Pauling [(7)]. "Scientists have an important role to play in the creation of conditions for a (6-2)secure and peaceful world." Pauling's words show his strong belief that science must be helpful for humans' happiness.

注）chemistry 化学　movement （政治的・社会的な）運動　nuclear weapons 核兵器
signature 署名　evil 悪の

問１　下線部(1)が意味の通る英文になるように［　］内の語句を並べ替えなさい。ただし，文頭に来る語も小文字になっている。

問２　Ⅰ ～ Ⅲ に入る表現を次の中から選び，記号で答えなさい。

Ａ．he never stopped his activities
Ｂ．he decided to take action himself
Ｃ．he believed in the power of the human spirit
Ｄ．he asked for support from people around him

問３　(3-1)（3-2）に入れるのに最も適切なものを選び，記号で答えなさい。

(3-1)　Ａ．bad　Ｂ．difficult　Ｃ．easy　Ｄ．kind
(3-2)　Ａ．by　Ｂ．over　Ｃ．with　Ｄ．without

問４　下線部(4)の "This" が示す具体的な内容を日本語で書きなさい。

問５　下線部(5)を文中に合う形に直して書きなさい。

問６　下線部（6-1）（6-2）の意味として最も適切なものをそれぞれ選び，記号で答えなさい。

(6-1)　get rid of
Ａ．を得る　Ｂ．から逃げる　Ｃ．を覆う　Ｄ．を取り除く
(6-2)　secure
Ａ．安全な　Ｂ．にぎやかな　Ｃ．秘密の　Ｄ．裕福な

問７　[(7)] に入れるのに最も適切なものを選び，記号で答えなさい。

Ａ．traveled to many different countries and talked with many people
Ｂ．continued his scientific research to become famous
Ｃ．lived a life for humans' happiness and world peace
Ｄ．worked for human health and helped sick people

問８　本文の内容として正しいものを２つ選び，記号で答えなさい。

Ａ．Pauling thought that science was used in the right way on Hiroshima and Nagasaki in 1945.
Ｂ．Pauling collected the signatures of 10,000 American scientists.
Ｃ．Pauling won the Nobel Peace Prize because he worked hard for stopping nuclear weapons.
Ｄ．Pauling met Ikeda and talked about world peace.
Ｅ．Pauling thought that scientists must stay in good health for the world.

6－1　次の英文は，作成中のスピーチ原稿です。指示にしたがって完成させなさい。

Let me talk about my winter vacation. I had an online chat with my grandmother. It was the first time for her. She asked me a lot of questions about my （1） , so I talked about my classmates, club activities, and the school festival. She looked happy to chat with me. Then I drew a picture of her face in my sketchbook and showed it to her. She said "⑵ ________." I was glad. (3-1) the online conversation, I drew some more pictures and sent them to her by email. Actually, I really wanted to go to her place (3-2) seeing her online. However, now I know that I can talk to her anytime online. I look forward to talking with her again.

問１ ⑴ に入る語句として最も適切なものを選び，記号で答えなさい。

A．new year holidays　B．school life　C．favorite food　D．favorite event

問２ 下線部⑵に入る「絵を描くのが上手ね」という意味の英文を書きなさい。

問３ (3-1) (3-2) に入る語として適切なものを選び，それぞれ記号で答えなさい。ただし，文頭に来る語も小文字になっている。

A．after　B．ago　C．before　D．later

6－2 あなたの家族との思い出について，できごとや感じたことなどを２～３文の英語で書きなさい。

エ．現実には起こりえないことまで考えてしまうこと。

d 「身の丈に合った」

ア．自分にふさわしく、無理をしない
イ．自分の身長に合った、ちょうどよい
ウ．自分の限界ぎりぎりで、危うい
エ．自分のために作られた、望みどおりの

問４ ――線部ｅ「発展や成長を重視する神話」とありますが、ここで言う「神話」とは「根拠もなく人々に絶対的なものとして信じられていること」を表しています。これについて、次の問いに答えなさい。

(1)「発展や成長を重視すること」はなぜ根拠がないと言えるのですか。「許容量」という語を必ず用いて、簡潔に説明しなさい。

(2)「人々に絶対的だと信じられている」と同じような意味で用いられている語句を、3段落の文中から、十字以内で抜き出しなさい。

(3)「神話」と対比して用いられている語句を文中から抜き出しなさい。

【五】 新型コロナウィルス感染症の流行で、会社に出勤せず、インターネットなどを利用して自宅で仕事をする「テレワーク」が普及しましたが、新型コロナウィルス感染症が収束した後も、テレワークを更に推進すべきだとの意見があります。この意見についてあなたは賛成ですか、反対ですか。次の条件に従って、七五字以上一二五字以内であなたの意見を述べなさい。賛成・反対どちらの立場を選んでも点数に関係ありません。

《条件》

1．最初の一文で、まず自分の結論を述べること。
2．次に、そう考える理由・根拠を述べること。
3．原稿用紙の使い方に従って書き、文体は常体（「だ・である」）で書くこと。

均一化の大量生産・大量消費のシステムから、分散化・小型化・多様化のd身の丈に合った生産・消費システムへと転換せざるを得なくなるだろう。問題は、環境の圧力の犠牲をいかに少なく抑え、スムーズに転換が果たせるかである。ときどき私は、現在の地球人よりさらに一万年先にまで生き延びた宇宙人を頭の中に思い浮かべ、さて、そんな人類はどんな生き様をしているのだろうか、と想像してみる。現実の困難を余りに真正面に見過ぎると未来はなかなか見えてこないが、現実から少し離れて宇宙人の眼で見れば、少しは未来を見通せるからだ。

7 歴史は一足飛びには進まない。おそらく、一万年先まで持続できた宇宙人も、かつては地球上の私たちと同じ困難に遭遇したことだろう。しかし、かれらはとっくの昔に核兵器だけでなく一切の兵器を廃棄しており、戦争は死語となっているに違いない。かれらは、より速く、より大きく、より大量にという、e発展や成長を重視する神話から解放され、多少不便でも、不快でも、非能率でも、有限の「地球」と折り合える、よりゆったりと、より小さく、より少量であることを重要とする新しい物語を紡ぎ出していることだろう。自律し、多様性を重んじ、物質的な欲望に※2恬淡とした生き様が当然となっているのだ。つまり、「成長類」から、真に知を愛する※3ノヴ・サピエンスへともう一段の進化をしているのである。でなければ一万年も生き延びることができなかっただろう。

8 問題は、そのような思想の革命をどのようにして達成し得たか、である。崩壊の予感の中で論理的にたどりついた結論だったのだろうか、子孫への倫理観が自らを変身させたのだろうか、それとも「成長類」が自滅してノヴ・サピエンスのみが生き残ったのだろうか。それについては、まだ遅れた「成長類」に属する私にはなかなか想像できない。ただ、地球環境からの強い圧力を受けて、分散的で自律した生産・消費・廃棄システムへと、科学や技術の中身を根底から転換させたのは確かだろう。今ここで、人類の絶滅を話題にしているということ自体、まさに地球環境からの圧力を感じ始めている証拠であり、ノヴ・サピエンスとまではいかなくても、※4ノヴ・プチサピエンスが萌芽し始めている徴候なのかもしれない。

（池内　了『科学は今どうなっているの？』）

〈注〉※1 シニカル……皮肉な態度をとる様子。
※2 恬淡……物事にこだわらず、あっさりしている様子。
※3 ノヴ・サピエンス……「ノヴ」は「新しい」の意。「新しい、かしこい（ヒト）」の意の筆者の造語。
※4 ノヴ・プチサピエンス……「プチ」は「少し」の意。「少し新しい、かしこい（ヒト）」の意の筆者の造語。

問1 ――線部a「私たち」とはどのような人々のことですか。文中の語句を用いて五字以上十字以内で答えなさい。

問2 ――線部b「哺乳類とは質的に異なった新しい生物」とありますが、「私たち」はどのような点で「哺乳類とは質的に異なっ」ているのですか。それが分かる部分を、「～から」に続くように文中から二十五字以上三十字以内で抜き出し、始めと終わりの五字を答えなさい。

問3 ――線部c・dの慣用的表現の意味として正しいものを、それぞれ選択肢の中から一つ選び、記号で答えなさい。

c「転ばぬ先の杖」

ア．転ばないように注意しながら歩くこと。
イ．失敗をしないように前もって注意を払うこと。
ウ．心配のあまり無駄な準備をすること。

胞へ、変温から恒温へと、動物の進化が質的なジャンプをするにつれ、およそ一〇倍ずつ多くエネルギーを消費するようになったのだ（本川達雄『時間』NHKライブラリー）。

2 ところが、人間は恒温動物の仲間から外れるようになってきた。日本を含めいわゆる先進諸国では、生産や生活のために使うエネルギーまで含めると、体が使うエネルギーの四〇倍以上も消費しているからだ。大量生産・大量消費の構造によって、a私たちは、哺乳類としてのヒトが使うエネルギーの四〇倍以上を消費する生物へと「進化」したと言えるだろう。このb哺乳類とは質的に異なった新しい生物を、「人類」と区別して「成長類」と呼ぶことにしよう。というのも、人類は約五万年の歴史をほとんど哺乳類レベルのエネルギー消費で暮らしてきたのだが、一九六〇年代を境にして、欧米日の人類のエネルギー消費が哺乳類の一〇倍を越えたのだから。さて、世界六〇億人もの人類がすべて「成長類」へと進化したら、果たして人類は地球上で生き残ることができるだろうか。尊大にも自らを「かしこいヒト（ホモ・サピエンス）」と呼んだ人類であったが、（おろかなヒト（ホモ・スチュピッド）」への運命をたどりつつあるのかもしれない。

3 「成長類」の特徴をいくつか挙げてみよう。一つは、経済成長を生きる目標としていることで、そのためには環境が荒れようと、子孫が苦労しようが気にしないことだ。また、快適な生活のために欲望を精一杯膨らませ、使い捨てと買い換えが得意なこともある。さらに、忙しさに追いまくられ、じっくり考える癖を失っているのに、なお時間を加速しようとしているという特徴もある。みんな大都会に群れたがり、みんな同じ顔つきになっていることも挙げねばならないだろう。つまり、「成長類」は「一様化」の道を突き進んでいるのだ。それは、種としての絶滅の兆しなのである。むだ・ずさん・重複・不適合・奇抜・異端などを抱え込んでいたからこそ、生物は進化してきたのだが、「成長類」はむしろそれらを排除しようとしているからだ。

4 私たちが「成長類」として、現在の生活様式を続ける限り、いずれ地球の許容量を超えて破綻（はたん）するだろう。それも遠い未来ではない。それを知りつつ、止められないでいるのも「成長類」の特徴かもしれない。少しは子孫への後ろめたさを持ちはするが、みんな共犯者なのだから、自分一人だけが罪の意識を感じる必要はないと言い訳して。核兵器・原発・細菌の逆襲・熱帯林の過剰伐採・水と空気と土の汚染・生物多様性の危機、いずれに対しても何がしかの言い訳は必ずついている。「成長類」は絶滅するときも言い訳し続けるのだろうか。

5 少々シニカル[※1]に書いてきたが、悲観論者とは、「c転ばぬ先の杖（つえ）」論者のことであり、「それみたことか」主義者のことだから、一般的には、議論すれば楽観論者に勝つことになっている。とはいえ、私が悲観論者であるのは、そのためではない。悲観的に考えつつも、どこに問題があるか、どのような手が打てるのか、自分でできることは何か、を常に考え続けたいからだ。「なんとかなる」という楽観論では、そんな智恵も出てこないと思っているためである。「我が亡き後に洪水よ来たれ」では余りに無責任ではないだろうか。

6 もっとも、正直言って、人類はそんなに簡単に絶滅するとは思ってはいない。地球環境の圧力が「成長類」の退化を促すと考えるからだ。環境の圧力とは、温暖化や気象変動による食料生産の減少や資源の枯渇による物価の上昇のことである。そのため、これまでの集中化・巨大化・

答えなさい。

ア．僕の祖母は物を大事にする人です。夏休みに帰省した時、お土産に渡したお菓子の箱なども必ず大切にしまっています。祖母の口癖があります。「いいかい。物には全部神様がおいでになるんだよ。どんな物でも大事にすれば、その気持ちがめぐりめぐって、最後は自分が大事にされるんだよ」と。祖母の話を通して、これからは物を大切にしていこうと思いました。

イ．一時期、占いにとても興味があり、熱中したことがありました。私が一番夢中になった占いが、学力を上げる占いでした。その方法は自分の部屋に黒い物を置かないということです。ペンやノート、参考書など、さらには自分の服なども、黒色は一切置きませんでした。母からは「そんなことにこだわるよりも、地道に勉強するほうがいいわよ」と言われ、結果として学力は伸びませんでした。

ウ．友だち三人でファミリーレストランへ行ったときのことです。ポテトフライを注文して、三人で食べながらおしゃべりをしていました。五分くらい遅れてAくんが参加しました。一時間ほどして、お会計をしようとした時、Aくんが「僕は五分遅れたから、その分を引いて計算してよ」と言い出しました。僕たち三人は顔を見合わせ、苦笑いをしてしまいました。細かすぎるのも困ったものだと感じました。

エ．私はバスケットボール部で部長をしています。部員は十五名ほど、今は夏の大会に向けて毎日練習に励んでいます。部員のBさんは、皆が上達するための練習方法をよく考えてくれます。その方法をめぐって、時に部内で意見が衝突することがあります。そのような時でもBさんは自分の考えを通そうとします。それを見ていて、一番大切なのはチームの団結ではないかと、いつも感じています。

【四】次の文章を読んで、後の問いに答えなさい。なお、本文の上の1～8の数字は段落番号です。

1 動物の体の仕組みには共通する基本デザインが存在するらしい。どの動物も、生きていく上で使うエネルギー消費量は、体重の四分の三乗に比例する法則があるからだ。人間も哺乳動物の一員として、この法則の例外ではない。ところが、同じ体重で消費エネルギーを比較すると、興味深い事実が見えてくる。大腸菌のような単細胞動物を一とすると、蛙や蛇のような多細胞の変温動物は一〇となり、恒温動物である哺乳類は三〇〇になることだ。まず、一つの細胞が摂食・排泄・生殖・運動のすべてを行なっていた時代から、多細胞になってそれぞれの活動を専門の細胞で分業するようになると、同じ体重でもエネルギーを一〇倍多く使うようになった。分業は効率的なようだが、どの細胞も常に働いているわけでなく、遊んでいる時間も多いが同じようにエネルギーを使うためである。しかし、変温動物は動かない間は周囲と同じ体温になるので、エネルギー消費は比較的少ない。その分、目の前を獲物がノコノコ歩いていても、すぐに動けないから取り逃してしまったり、動き始めると体温がドンドン上がっていくからすぐにへたってしまう。その欠点を克服したのが常に体温を一定にした恒温動物で、いつでも動け、動き始めても息が上がらない。いわば、エンジンをかけっ放しのクルマと同じだから、寝ていてもエネルギーを使う。そのため、変温動物に比べ三〇倍も多くエネルギーを使うようになった。このように、単細胞から多細

ウ．じいちゃんの心意気を受け継ぎ、一つの形にすることができたから。

エ．味に間違いのない食材で、カツサンドを完成させることができたから。

オ．販売準備を手伝ってくれる人々の姿に感謝の気持ちを抱いたから。

【三】 次の文章を読んで、後の問いに答えなさい。

聖武天皇の御世（みよ）に、諾楽（なら）の京の馬庭（まには）の山寺に、ひとりの僧常住しき。その僧、命終の時に臨みて（臨終のときにあたって、）、弟子に告げていはく、「われ死にて後、三年に至らむまで（三年たつ）、※1室（むろ）の戸を開くことなかれ」といふ。しかして死にし後、※2七七日を経て、大きなる毒の蛇ありて、その室の戸に伏せり。弟子 a<u>ゆゑ</u>を知りて、※3教化（けうけ）して室の戸を開きて見れば、銭三十貫 b<u>隠しおさめたり</u>。その銭を取りて※4誦経（ずきやう）をし（用いて）、善を修し福を贈りき（善根を積み成仏を祈った。）。

誠に知る、銭にふけり隠すによりて、大きなる蛇の身を得て、c<u>変はり</u>てその銭を護りしことを。※5「須弥（すみ）の頂を見る（見る）といへども（ことはできても、）、［　　］の山の頂を見ること得じ」といへるは、それこれをいふなり。

（『日本霊異記』）

〈注〉 ※1 室……僧のこもる宿舎。
※2 七七日……死亡当日から数えて四十九日目。
※3 教化……仏道を説いて教え導くこと。
※4 誦経……お経を読んで供養する。
※5 須弥……世界の中央にそびえる高山。

問1 ――部a、cを現代仮名づかいになおし、すべてひらがなで答えなさい。

問2 ――部bの主語は誰か。次の選択肢の中から一つ選び、記号で答えなさい。

ア．天皇　イ．僧　ウ．弟子　エ．蛇

問3 本文の内容としてふさわしいものを次の選択肢の中から一つ選び、記号で答えなさい。

ア．僧の死後三年経過してから室を開こうとしたら宿舎に蛇がいた。

イ．僧が弟子を教化して、室の戸を開くと銭三十貫が隠されていた。

ウ．弟子は僧の三回忌に、お経を読み師を供養し、成仏を祈った。

エ．僧は死後、毒蛇に姿を変えて、隠しておいた銭を護（まも）っていた。

問4 ［　　］にはどのような内容が当てはまると考えられますか。最も適するものを次の選択肢の中から一つ選び、記号で答えなさい。

ア．人　イ．心　ウ．欲　エ．幸

問5 次の各文は生徒が書いた創作文です。古文（問題文）の主題と創作文の主題が一致するものを、次の選択肢の中から一つ選び、記号で

俺は、パンを作業台に載せた。

真澄おばちゃんとすずが具材の準備を整え手伝ってくれる。ミユキさんと大和くんがコンテナを即席の看板に作り替えてくれる。静男さんは、販売の準備を整えてくれる。

片方のパンにカラシバターを塗り、キャベツの千切りを載せる。カツを挟んで、ソースをかけ、パンを重ねた。対角線で切り、二つの三角形になったカツサンドを包み紙に入れると、小さく歓声があがった。

口々においしそうと呟（つぶや）きながらこぼれる笑顔に、g胸がじんわりとあたたかくなる。

（冬森 灯『縁結びカツサンド』）

〈注〉※ 冒瀆（ぼうとく）…神聖なもの、清浄なものをおかし、汚すこと。

問1 ――線部a「目は口ほどにものを言う」の意味と同じ意味を持つ「目は心の（A）」の（A）に当てはまる漢字を、次の選択肢の中から一つ選び、記号で答えなさい。

ア．真　イ．鏡　ウ．光　エ．薬

問2 ――線部b「頭の中にじいちゃんの声が響いた気がした」とありますが、どのような声が響いたと考えられますか。手紙の中から、考えられる文章を三十字～四十字以内の一文で探し、始めと終わりの五字を答えなさい。

問3 ――線部c「心を込めるとはそういうものだ」とありますが、「そういうもの」とは何ですか。解答欄に続くように文中の言葉を使って八字で答えなさい。

問4 □にあてはまる接続語を次の選択肢の中から一つ選び、記号で答えなさい。

ア．なぜなら　イ．そして　ウ．また　エ．だが

問5 ――線部d「じいちゃんからの手紙を握りしめ」た理由は何ですか。**当てはまらないもの**を次の選択肢の中から**二つ**選び、記号で答えなさい。

ア．冒瀆（ぼう）することをしてしまったと、悔しがったため。

イ．父親の気持ちに負けないよう、自身を鼓舞するため。

ウ．父親に思いが伝えられるよう、勇気をもらうため。

エ．カツサンドを作るという自分の決意を、もう一度確認するため。

オ．手紙を無くしていないか不安になり、確かめたくなったため。

問6 ――線部e「当たり前でふつうの、ある意味、特別なパン」の言葉を具体的にした次の文章を、十字以内の本文の言葉を入れて完成させなさい。

「肩肘（かたひじ）張らないふつうの、じいちゃんの□パン。」

問7 ――線部f「瞼（まぶた）の奥に熱がこもった」について、次の問いに答えなさい。

(1)「瞼の奥に熱がこもった」とは、どのような状態を示しますか。十五字以内で答えなさい。

(2)「瞼の奥に熱がこもった」のはなぜですか。三十五字以内で説明しなさい。

問8 ――線部g「胸がじんわりとあたたかくなる」からわかる、和久の心情に**当てはまらないもの**を次の選択肢の中から一つ選び、記号で答えなさい。

ア．自分が作ったもので、人を笑顔にできたことがうれしいから。

イ．無理だと思っていたことが実現でき、ほっとした気持ちがあるから。

《使うのは構わない。［　　］、三回忌のために焼いたパンだ。それを、親父が店では出さないと決めていたサンドイッチにするのは、親父に対する※冒瀆じゃないのか》

冒瀆。あまりの強い言葉に、気持ちが揺らいだ。

そこに父の思いのすべてが詰まっている気がした。

俺がじいちゃんの店を守ることを考えてきたように、その何倍もの時間を父もまた、同じように考えてきたのだから。どう伝えたら、わかってもらえるのだろう。

ポケットに手を入れ、d<u>じいちゃんからの手紙を握りしめて</u>、静かに話し出した。

「カツサンドは俺にとって、じいちゃんと作った、最初で最後のパンなんだ」

電話の向こうからは、物音ひとつしない。

「あの時作ったカツサンドは、出来栄えこそ立派なものじゃなかったけど、心だけは、じいちゃんの教えどおり、たっぷり込めた。そうやって心を尽くしたものを、おいしいと食べてくれるひとがいた。あのサンドイッチが、俺をここまで連れてきてくれた力の原点、つまり、俺のパンなんだ」

サンドイッチはご家庭で作るのがいいとじいちゃんは言っていた。それが当たり前の時代でもあった。水やお茶、おにぎりだって店で買うような時代じゃなかった。だけど、当たり前なんて、その時々で変化していくものだ。だからこそ、時が流れても変わらない心の軸を大切にしながら、時代に合わせていくやり方があってもいい。

しんと静まり、息遣いさえ聞こえない静寂に向かって、祈るように続ける。

「形じゃなく、じいちゃんの心意気を、受け継ぎたいんだ」

店を継ぐことは、店やレシピを継ぐことだけじゃない。じいちゃんと父が築いてきた歴史をそのままなぞるのではなく、その心意気を受け継いだうえで、今の時代の中で、新しい形に編みなおしていくことなのだろうと思う。

うちのパンの魅力はきっと、肩肘張らない、ふつうのパンだ。

そこに目新しさなんてたぶん必要ない。

e<u>当たり前でふつうの、ある意味、特別なパン。</u>

でもきっと、俺は一人ではこの答えに辿りつけなかっただろう。

（中略）

「和坊！」

肩で息をしながら差し出されたコンテナに、息を呑んだ。

サンドイッチ用に耳を落とし、十枚切にされた食パンが、整然と並んでいた。

「康平のやつ、何も聞かずに、これ持ってってくれってよ」

鼻を指先で擦りながら静男さんが言う。これも、と大和くんがバターの塊を差し出した。

言葉などいらない。十分すぎるほど伝わってくる気がして、f<u>瞼の奥に熱がこもった。</u>

「ったく、じじいが頑固なら、親父も息子もみんな頑固でよ、困ったもんだ」

のは何もない。
　どうやったって、無理なものは無理だと、音を上げようとした時。ポケットの中で、じいちゃんの手紙が、かさりと音を立てた。b頭の中にじいちゃんの声が響いた気がした。
「……食パン。店に、食パンがあるはず」
　じいちゃんの三回忌のために、父が焼き上げているはずの。大和くんが確認に駆け出していった。
「すずは一度家に戻って。肉の在庫を確認して」
　わかったと言うが早いか、ひとの波をかき分けて、飛び出していく。
　ほどなく入ったすずからの電話で、愛ら豚のブロック肉があるとわかった。

　俺はしばし目を閉じた。
　自分の内側の声に耳を澄ましてみる。
　豚肉と、食パン。
　それで作れるものは。
　瞼の裏に、かつての厨房の風景が、蘇った。

　あれは、俺がはじめて作ったパンだった。
　賢介のために作った、サンドイッチ。
　俺を庇ってサッカークラブに入れられた賢介の、初試合だった。なにか礼をしたい、と相談した俺にじいちゃんは、試合ならば「勝つサンド」に限ると言って、指導役を引き受けてくれた。もっとも手伝ってくれるわけでもなく、材料を揃え、順番を言い渡すのみで、おっかなびっくり包丁を持ってキャベツを千切りするところからすべて自分でやらされた。c心を込めるとはそういうものだと言って、油で揚げるところ以外、じいちゃんは一切手出しをしなかった。
　出来上がりは立派なカツサンドとは言い難い、不格好な代物だったが、それでも賢介は、見たことがないような笑顔でそのカツサンドを食べてくれ、うまかった、とたいそう喜んでくれたのだった。
　あの笑顔に、俺は胸がいっぱいになった。
　自分が作ったものが誰かを笑顔にできたそのことが、胸に深く刻まれた。
　思えば、あの笑顔が俺を照らし続けてくれたのかもしれない。だから、パンと違う道を歩いていた時も、いつも料理にかかわってきたのかもしれない。

（中略）

　大和くんからも電話が入った。
　食パンは二十斤ほどできていること。もうすぐ次が焼き上がること。
　一息に伝えると、なぜだか早々に父に代わった。
　父の硬い声音が、言葉よりも雄弁に、その理由を語っているようだった。
　俺は大きく息を吸い、呼吸を整えると、ゆっくりはっきりと告げた。
「カツサンドを作りたいんだ。食パンを、使わせてください」
　食パンは必ず明日の法要までに焼き上げると誓ったが、やたらと長い沈黙ののち、父は、断る、と一蹴した。

【国　語】（五〇分）〈満点：一〇〇点〉

【注意】一．解答に字数制限がある場合は、句読点や「　」等の記号も一字として数えます。
二．作問の都合上、原文の一部を省略したり、表記を改めた部分があります。

【一】　次の傍線部について、漢字は読み仮名を答え、カタカナは漢字に直しなさい。

(1)　これは持ち歩くのに重宝な手帳だ。
(2)　工事の手順を指図する。
(3)　ご注文をウケタマワりました。
(4)　今年のトウジは十二月二十二日だ。
(5)　メガネが合わなくなってきた。

【二】　次の文章は、ある町で親子三代続くパン屋を営む家族の、一代目の祖父が亡くなった後を描いた物語です。これを読んで、後の問いに答えなさい。

《あらすじ　1》　パン屋の一代目のじいちゃん（俺）からの手紙（遺言書）は、二代目の康平（和久の父・お前さんの親父）ではなく、三代目の和久（お前さん）に宛てて綴（つづ）られていた。次の文章はその一部である。

〈じいちゃんからの手紙〉

パン生地の機嫌がわかってはじめて一人前というが、粉みたいにちっちゃくてぱらぱらしたもんが、手をかけてやると、ふくふくに大きく膨らんで、あんなにうまいもんになるのはいまだに不思議なもんだ。同じ材料で同じように作ってるのに、俺のパンと、お前さんの親父（おやじ）が作るパンがちょっとずつ違うってのも、面白い。

[a]目は口ほどにものを言うらしいが、手はそれ以上に語るもんがあるんじゃねえだろうか。だから、うまく言葉にできねえことも、ただ黙って作ったもんを食えば通じるんだろうと思う。いつか、お前さんのパンを食ってみてえものだ。

人生ってやつにはいろんな波がある。うまく乗りこなすのも才覚だが、そんなにいい波ばっかり来るわけじゃねえ。日本人はノーと言えないとよく言うが、言えないんじゃなくて、言わねえんじゃないだろうか。それは弱さじゃなくて、強さだ。できねえと突っぱねるのはたぶん簡単だ。だが、最後の最後まで可能性にかけてみるその心意気ってのが立派だと俺は思う。それでだめならやめりゃいい。食わず嫌いはいただけねえが、食ったうえで嫌うのは大いにやればいい。

《あらすじ　2》　じいちゃんの三回忌の法要の前日、商店街のお祭りの屋台売り上げ対抗戦で、和久（俺・和坊）は、幼なじみの肉屋の賢介と一緒に「黒船ドッグ」という惣菜（そうざい）パンを屋台で出すことになった。賢介の家族（真澄おばちゃん・すず）や、パン屋の常連客（大和くん・ミユキさん）、パン屋の三代を昔からよく知る靴屋の静男さんも販売開始を楽しみにしていた。ところが、材料となる肉を乗せた車が渋滞に巻き込まれてしまい、開店に間に合わないことがわかった。

俺は改めて、屋台にある材料を見渡す。ここに売り物になりそうなも

2021年度

解 答 と 解 説

《2021年度の配点は解答欄に掲載してあります。》

＜数学解答＞

1 (1) 0 (2) $10+6\sqrt{5}$ (3) $x=-8,\ 7$ (4) 26 (5) 42°
(6) $2\leqq y\leqq 12$

2 (1) 解説参照 (2) 解説参照 3 (1) 110° (2) 50° (3) 5：6

4 (1) $y=x+4$ (2) 12 (3) 27 5 (1) 15通り (2) $\frac{1}{2}$ (3) $\frac{2}{3}$

6 (1) 2：1 (2) $\frac{5}{2}$cm (3) 4：5

○推定配点○

各5点×20 計100点

＜数学解説＞

基本 1 (正負の数，式の値，2次方程式，数の性質，角度，反比例)

(1) $8-(-4^2)\div(-2)=8-(-16)\div(-2)=8-8=0$

(2) $a^2-ab=a(a-b)=(3+\sqrt{5})\{(3+\sqrt{5})-(3-\sqrt{5})\}=(3+\sqrt{5})\times2\sqrt{5}=6\sqrt{5}+10=10+6\sqrt{5}$

(3) $x(x+1)=56$ $x^2+x-56=0$ $(x+8)(x-7)=0$ $x=-8,\ 7$

(4) $936=2^3\times3^2\times13$より，求める自然数は，$2\times13=26$

(5) 右の図で，平行線の錯角は等しいから，$\angle x=\angle a+\angle b=24°+(38°-20°)=42°$

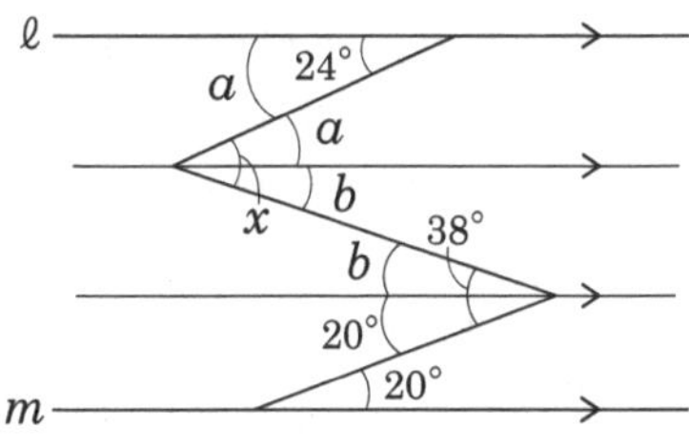

(6) $y=\frac{a}{x}$に$x=3$，$y=4$を代入して，$4=\frac{a}{3}$ $a=12$
$y=\frac{12}{x}$に$x=1$を代入して，$y=12$ $x=6$を代入して，$y=2$ よって，yの変域は，$2\leqq y\leqq 12$

2 (文字と式の利用)

(1) $100a+10b+c=99a+a+9b+b+c=9(11a+b)+(a+b+c)$ ここで，kを自然数として，$a+b+c=9k$とすると，$100a+10b+c=9(11a+b)+9k=9(11a+b+k)$ $11a+b+k$は整数だから，$9(11a+b+k)$は9の倍数である。よって，3ケタの整数の各位の数の和$a+b+c$が9の倍数になるとき，もとの3ケタの整数は9の倍数と判定できる。

(2) 4ケタの整数の千の位の数をa，百の位の数をb，十の位の数をc，一の位の数をdとすると，4ケタの整数は，$1000a+100b+10c+d$と表せる。$1000a+100b+10c+d=999a+a+99b+b+9c+c+d=3(333a+33b+3c)+(a+b+c+d)$ ここで，kを自然数として，$a+b+c+d=3k$とすると，$1000a+100b+10c+d=3(333a+33b+3c)+3k=3(333a+33b+3c+k)$ $333a+33b+3c+k$は整数だから，$3(333a+33b+3c+k)$は3の倍数である。よって，4ケタの整数の各位の数の和$a+b+c+d$が3の倍数になるとき，もとの4ケタの整数は3の倍数になる。

基本 3 (平面図形の計量)

(1) 弧ABの円周角だから，∠ADB＝∠ACB＝30°　△AEDの内角の和は180°だから，∠AED＝180°－40°－30°＝110°

(2) ACは直径だから，∠ADC＝90°　△ACDの内角の和は180°だから，∠ACD＝180°－40°－90°＝50°

(3) ACは直径だから，∠ABC＝90°　△ABCの内角の和は180°だから，∠BAC＝180°－90°－30°＝60°　弧の長さと円周角の大きさは比例するから，弧AD：弧BC＝∠ACD：∠BAC＝50°：60°＝5：6

4 (図形と関数・グラフの融合問題)

基本 (1) $y=\frac{1}{2}x^2$に$x=-2$，4をそれぞれ代入して，$y=2$，8　よって，A(－2，2)，B(4，8)　直線ABの式を$y=ax+b$とすると，2点A，Bを通るから，$2=-2a+b$，$8=4a+b$　この連立方程式を解いて，$a=1$，$b=4$　よって，$y=x+4$

基本 (2) E(0，4)とすると，$\triangle OAB=\triangle OAE+\triangle OBE=\frac{1}{2}\times4\times2+\frac{1}{2}\times4\times4=12$

重要 (3) 直線OAの傾きは，$\frac{2-0}{-2-0}=-1$だから，直線OAの式は$y=-x$　$y=-\frac{1}{3}x^2$と$y=-x$からyを消去して，$-\frac{1}{3}x^2=-x$　$x^2-3x=0$　$x(x-3)=0$　$x=0$，3　よって，C(3，－3)　同様にして，直線OBの式は$y=2x$だから，$y=-\frac{1}{3}x^2$と$y=2x$からyを消去して，$-\frac{1}{3}x^2=2x$　$x^2+6x=0$　$x(x+6)=0$　$x=0$，-6　よって，D(－6，－12)　直線CDの傾きは，$\frac{-3-(-12)}{3-(-6)}=1$だから，AB//DC　平行線の錯角は等しいから，2組の角がそれぞれ等しく，△OAB∽△OCD　相似比はOA：OC＝2：3　よって，面積比は$2^2:3^2=4:9$　したがって，△OCDの面積は，$\frac{9}{4}\triangle OAB=\frac{9}{4}\times12=27$

5 (確率)

基本 (1) 奇数は一の位の数が1，3，5のときで，それぞれ十の位の数は5通りずつあるから，場合の数は3×5＝15(通り)

基本 (2) カードの取り出し方の総数は6×5＝30(通り)　このうち，題意を満たす2ケタの整数は，21，31，32，41，42，43，51，52，53，54，61，62，63，64，65の15通りだから，求める確率は，$\frac{15}{30}=\frac{1}{2}$

重要 (3) 「2または3の倍数」にならない整数は，13，23，25，31，35，41，43，53，61，65の10通りだから，求める確率は，$1-\frac{10}{30}=\frac{2}{3}$

重要 6 (平面図形の計量)

(1) △SRCと△CDEにおいて，∠SRC＝∠CDE＝90°　DC//SRより，平行線の錯角は等しいから，∠CSR＝∠ECD　2組の角がそれぞれ等しいので，△SRC∽△CDE　よって，SR：RC＝CD：DE＝(2＋4)：3＝2：1

(2) △BQPと△BCFにおいて，∠BQP＝∠BCF＝90°　共通だから，∠PBQ＝∠FBC　2組の角がそれぞれ等しいので，△BQP∽△BCF　よって，BQ：QP＝BC：CF＝(7＋3)：4＝5：2　四角形PQRSは正方形だから，QR＝PQ＝SR　したがって，BQ：QR：RC＝5：2：1より，QR$=\frac{2}{5+2+1}BC=\frac{1}{4}\times10=\frac{5}{2}$(cm)

(3) 直線ADとBFとの交点をHとすると，平行線と比の定理より，DH：BC＝DF：FC＝2：4＝1：2　よって，$DH=\frac{1}{2}BC=5$　EG：GC＝EH：BC＝(3＋5)：10＝4：5

★ワンポイントアドバイス★

出題構成，難易度とも例年どおりである。あらゆる分野の基礎をしっかりと固めておきたい。

＜英語解答＞

[1] 1 left　2 second　3 Friday　4 soon

[2] 会話1 D　会話2 C　会話3 A

[3] 1 A　2 B　3 D　4 C

[4-1] 1 E　2 B

[4-2] 1 D　2 E　3 B

[5] 問1 Why did a scientist receive the Nobel Peace Prize (?)
問2 Ⅰ B　Ⅱ A　Ⅲ C　問3 3-1 B　3-2 D　問4 ポーリング博士が(49か国)10000人の科学者から核兵器反対の署名を集めたこと　問5 written
問6 6-1 D　6-2 A　問7 C　問8 C, D

[6-1] 問1 B　問2 (")You are good at drawing a picture [You draw a picture very well / You drew the picture very well] (.")　問3 3-1 A　3-2 C

[6-2] (例) I went to Hokkaido with my family. We stayed there for three days and had a good time. I was happy because I could talk about many things with my parents during our stay.

○推定配点○

[1]・[2] 各2点×7　[6-2] 8点　他 各3点×26　計100点

＜英語解説＞

[1] (リスニング問題)

1. The next station is Takanodai.
The doors on the (left) side will open.
2. We have a service counter.
It is on the (second) floor.
3. This is your homework.
Finish it by the next (Friday).
4. Thank you for coming today.
We hope that you will visit us again (soon).

1 次の駅は鷹の台です。左側のドアが開きます。
2 サービス・カウンターがあります。それは2階です。
3 これはあなたの宿題です。次の金曜日までに終えなさい。
4 今日は来てくれてありがとう。またすぐに訪ねてくれるのを願います。

2 （リスニング問題）

会話1 A: Excuse me. Could you tell me how to get to the hospital?

B: Sure. Go along this street and turn right at the corner of the park.

A: Turn right at the park, yes?

B: Yes. You'll see it on your left.

会話2 A: Excuse me. Could you tell me the way to the post office?

B: Well, go straight and turn left at the second corner.

A: OK.

B: You'll see the school on your right. It's opposite to the school.

会話3 A: Excuse me. Can you tell me how to get to the city library?

B: Of course. Turn left at the first corner. Go straight and turn right at the bank.

A: OK.

B: Go straight and you'll see it on your left.

A: Is it across from the bus stop?

B: No. You have to keep going. Then, you'll see it on the corner.

会話1 A：すみません。病院への行き方を教えてもらえませんか。

B：もちろん。この通りを進み，公園の角を右に曲がってください。

A：公園を右に曲がるんですね？

B：はい。左側にあります。

会話2 A：すみません。郵便局への行き方を教えてもらえませんか。

B：ええと，この通りを進み，2つ目の角を左に曲がってください。

A：わかりました。

B：右側に学校が見えます。それは学校の反対側にあります。

会話3 A：すみません。市立図書館への行き方を教えてもらえませんか。

B：もちろん。最初の角で左に曲がってください。真っすぐ行って銀行で右に曲がってください。

A：わかりました。

B：真っすぐ行くと左側に見えます。

A：それはバス停の反対側ですか？

B：いいえ。そのまま行ってください。そうすると，角に見えます。

3 （リスニング問題）

A: We have to choose one of these four goals. Zero hunger, Quality education, Clean water and sanitation, or Life below water.

B: How about "Zero hunger"?

A: What can we research on "zero hunger"?

C: How about the increase in world population and food shortage? Many people in the world cannot get enough food.

B: Or food waste? I often hear about that.

A: OK. We can research how much food is thrown away in Japan and what we need to do to solve the problem. It's one idea.

C: That's true. But I think Quality education is important. There are many children who cannot go to school in the world. That's a serious problem.

B: Going to school is important of course. But many children around the world cannot access clean toilets or safe water. That is more serious, I think.

A: I see your point. It's related to Clean water and sanitation. I hear many children, especially girls spend a lot of time every day carrying water for their family. And that's the reason they cannot go to school.

B: Yes. Our life is based on water. Cooking and eating, taking a shower, washing clothes... we couldn't live without water.

C: Speaking of 'water,' I'm interested in "Life below water," too. These days, we often hear about ocean garbage, especially plastic waste. It may be easier to collect information on this topic.

A: But I hear some groups will choose "Plastic waste." I want to choose a different topic from other groups.

B: I agree. Then, it's Zero hunger or Life below water!

C: Plastic waste is a familiar problem to us, and in the same way, food waste is happening in our daily lives, too.

B: That's true. It's important to know about food waste.

A: I've heard about "Food Banks." They collect food left over by stores and restaurants, and give it to people in need.

C: Sounds interesting. Yeah, I want to learn about that.

Question 1 What goal will they choose for their research?

Question 2 (research topic) What will they research?

A. World population B. Food waste C. Saving water D. Ocean garbage

Question 3 What is the reason why many girls in the world cannot go to school?

A. They throw away much food. B. They cannot go to school.
C. They don't have clean toilets. D. They carry water every day.

Question 4 What is the reason why they will NOT choose the topic of plastic waste?

A. It is a very serious problem. B. It is easy to collect information.
C. It is chosen by some other groups. D. It is happening in our daily lives.

A：この4つの目標の中から1つを選択する必要があります。飢餓をゼロに，質の高い教育，安全な水とトイレ，または海の中の生物です。

B：「飢餓ゼロ」はどうですか？

A：「飢餓ゼロ」について何を調べられますか？

C：世界人口の増加や食糧不足はどうでしょうか。世界の多くの人々は十分な食料を手に入れることができません。

B：それとも食品廃棄物はどうですか？　私はしばしばそのことについて聞きます。

A：いいですね。日本で食べ物がどれくらい捨てられるか，問題を解決するために何をする必要があるかを研究することができます。一つのアイデアです。

C：その通りです。しかし，質の高い教育が重要だと私は考えます。世界には学校に行けない子供がたくさんいます。それは深刻な問題です。

B：もちろん，学校に行くことは重要です。しかし，世界中の多くの子供たちは，きれいなトイレや安全な水を使うことができません。それはもっと深刻だと思います。

A：私はあなたのポイントがわかります。それはきれいな水と衛生に関連しています。子供達，特に女の子は毎日家族のために水を運ぶのに多くの時間を費やしているそうです。そしてそれが彼女らが学校に行けない理由です。

B：はい。私たちの生活は水に基づいています。料理や食事，シャワーを浴びること，洗濯すること…私たちは水なしでは生きていけませんでした。

C：「水」といえば，私は「海の中の生物」にも興味があります。最近では，海洋ごみ，特にプラスチック廃棄物についてよく聞きます。この話題に関する情報を収集する方が簡単でしょう。

A：しかし，私はいくつかのグループが「プラスチック廃棄物」を選択すると聞いています。私は他のグループとは違うテーマを選びたいです。

B：私もそう思います。では，飢餓をゼロにか，海の中の生物ですね！

C：プラスチック廃棄物は私たちにとって身近な問題であり，同様に，私たちの日常生活では食品廃棄も起こっています。

B：それは本当です。食品廃棄物について知ることが重要です。

A：私は「フードバンク」について聞いたことがあります。店やレストランが残した食べ物を集め，困っている人々にそれを与えます。

C：面白そうですね。ええ，私はそれについて学びたいです。

Question 1 「彼らは研究発表のために何を選ぶか。」

Question 2 （研究発表テーマ）「彼らは何を調べるか。」

A 世界の人口　B 食品廃棄物　C 水の節約　D 大洋のゴミ

Question 3 「世界の多くの少女が学校に行けない理由は何か。」

A 彼女らは多くの食べ物を捨てる。　B 彼女らは学校へ行けない。

C 彼女らはきれいなトイレを持たない。　D 彼女らは毎日水を運ぶ。

Question 4 「彼らがプラスチック廃棄物のテーマを選ばない理由は何か。」

A それはとても深刻な問題である。　B それは情報を集めるのが容易だ。

C それは他のいくつかのグループによって選ばれている。

D それは私たちの毎日の生活で起こっている。

4-1 （長文読解問題・案内文：内容吟味）

（全訳）

中央動物園入場券価格

すべてのお客様は日付け付きの入場券をお買い求めください。

大人（13歳以上）	600円
子供（3歳から12歳）	200円
高齢者（65歳以上）	300円

＊割引　インターネットで購入されると10％の割引を受けられます。

問1 「山田さんの息子の4歳の誕生日が次の日曜日に近づいています。彼は動物が大好きなので，彼らは彼を誕生日に動物園へ連れて行くでしょう。彼は両親と外出するのを楽しみにしています。彼らは門で1,400円を支払います。」「門で」とあるので，割引はないものと考える。山田夫妻は1,200円，息子は4歳で200円を払うので，合計1,400円になる。

問2 「かおりは高校生です。彼女は次の土曜日に10歳の弟とその祖父と一緒に動物園に行く予定です。彼は68歳です。かおりはインターネットでチケットを購入する予定です。彼らはインターネットで990円を支払います。」インターネットで買うので10%の割引を受けると考える。かおりは600円，弟は10歳なので200円，祖父は68歳なので300円を払うので，合計1,100円になり，10%を割引くと990円になる。

4-2 （長文読解問題・グラフを使った文：内容吟味）

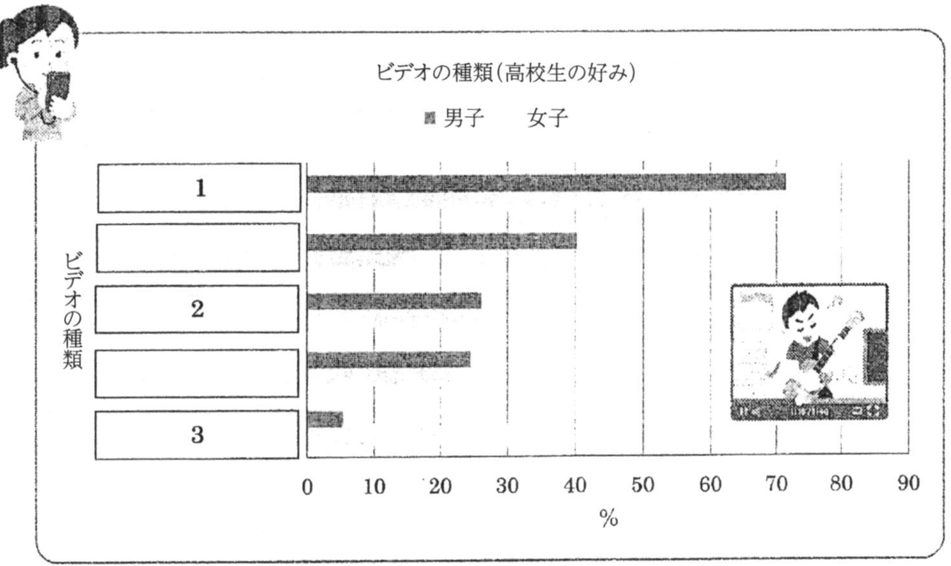

「このグラフは，高校生の男子と女子が見るのを好むビデオの種類を示しています。ミュージックビデオは非常に人気があります。男子と女子の両方の70%以上が，彼らはミュージックビデオが好きだと答えました。

女子と男子の両方の約25%が，勉強やコメディのビデオが好きだと答えました。このグラフによると，勉強の番組を見るのが好きな女子の割合は男子のそれよりも少し高いです。一方，コメディ番組は男子に少しだけもっと人気があります。

私たちは男子と女子の違いを見ることができます。男子の約40%がゲームの解説が好きだと答えました。対照的に，女子のほぼ40%はファッション関連の番組が好きだと答えました。」

基本 1 男子も女子も同じように多くが好むものである。第1段落の「70%以上」という内容にあてはまるので，Dが答え。

2 女子の割合の方が男子の割合より少し多い。第2段落の「勉強の番組を見るのが好きな女子の割合は男子のそれよりも少し高い」とあるので，Eが答え。

3 女子の割合は約40%で，男子の割合より相当多い。第3段落の「女子のほぼ40%はファッション関連の番組が好きだと答えました」という内容にあてはまるので，Bが答え。

5 （長文読解問題・説明文：語句整序，語句補充，指示語，語形変化，語句解釈，内容吟味）

（全訳） ライナス・ポーリングは1901年にアメリカで生まれました。彼は20世紀の偉大な科学者であり，「現代の化学の父」と呼ばれています。1954年に彼は化学のノーベル賞を受賞しました。彼は1962年にはノーベル平和賞も受賞しました。(1)なぜ科学者がノーベル平和賞を受賞したのでしょうか？

＊　＊　＊　＊　＊　＊

1945年に広島と長崎に原爆が投下されました。ポーリングはこれに非常にショックを受けました。彼は科学はそんな形で使ってはいけないと考えました。彼は科学者として何かをしなければならないと感じました。それで，彼は自分で行動を起こすことに決めました。数ヶ月後，彼は核兵器に反対する運動を始めました。

当時，核兵器に「ノー」と言うのは(3-1)難しいことでした。ポーリングの運動は米国政府に反対するものでした。多くの人々や大企業は政府を支持しました。政府は多くの方法でポーリングを止めようとしました。彼らは彼の科学的研究のためにお金を与えるのをやめて，彼にパスポートを与えませんでした。しかし，彼は決して彼の活動を止めませんでした。

長年の彼の努力のおかげで，多くの人々が考えを変えました。彼は核兵器に反対していた1万人以上の科学者の署名を集めることができました。それらは世界の49カ国から集まりました。(4)これは核実験の中止に大きな影響を与えました。1962年，ポーリングは多大な努力に対してノーベル平和賞を受賞しました。式典で彼は，人間の精神の力を信じていると言いました。彼によると，その力は核兵器の邪悪な力よりも強いのです。

1980年代，ポーリングは創価学園の創始者である池田大作によって(5)書かれた著書を読む機会を得ました。彼は池田も核兵器(3-2)のない世界のために頑張っていることを知って驚きました。彼は池田氏と出会う機会を望み，1987年にようやく会いました。彼らは人間の健康の重要性について話し合い，世界平和に関するアイデアを共有しました。この対話は「平和のための生涯の探求」という本に収められました。この本の中で，ポーリングは，人間には病気の苦しみと戦争の苦しみという2つのタイプの苦しみがあると述べています。両方の苦しみを(6-1)取り除くために，彼は人間の健康のために一生懸命働き，核兵器に反対する運動を続けました。

93歳で亡くなるまで，ポーリングは(7)人間の幸福と世界平和のために生きました。「科学者は，(6-2)安全で平和な世界という状態を作り出すのに重要な役割を果たしています。」ポーリングの言葉は，科学は人間の幸福に役立たなければならないという彼の強い信念を示しています。

問1　why は疑問詞なので文の先頭に置く。a scientist が主語になり，疑問文を作るので，did をその前に置く。receive が動詞になり，the Nobel Peace Prize がその目的語になる。

問2　全訳参照。D 「彼は彼の周囲の人々からの援助を求めた」

問3　(3-1)　後に続く内容から，当時核兵器に反対することは容易ではなかったことがわかるので，B が答え。A「悪い」，B「難しい」，C「やさしい」，D「親切な」

　　(3-2)　池田大作は核兵器がない世界を求めたので，D が答え。A「～によって」，B「～以上」，C「～がある」，D「～がない」

問4　核実験の中止に大きな影響を与えたものは何かと考える。直前には世界の49カ国から核兵器に反対する1万人以上の科学者の署名が集まったとある。

問5　池田大作が書いた本について説明している。write が過去分詞「書かれた」になり，「本」を修飾する。

重要　問6　(6-1)　〈 get rid of ～ 〉で「～を取り除く」という意味になる。

　　(6-2)　secure は「安全な」という意味の形容詞。

問7　後に続く部分に「科学は人間の幸福に役立たなければならない」というポーリングの考え方が書いてある。この内容に合うので，C が答え。A は「(ポーリングは)多くの様々な国に行き，多くの人々と話した」，B は「(ポーリングは)有名になるために科学的研究を続けた」，D は「(ポーリングは)人類の健康のために働き，病気の人々を助けた」で，いずれも世界平和と直接関係しないので，誤り。

重要 問8　A「広島と長崎において科学は正しい方法で使われたと，ポーリングは考えた。」ポーリングは広島と長崎に投下された原子爆弾をきっかけに反対運動を始めたので，誤り。　B「ポーリングは1万人のアメリカの科学者の署名を集めた。」世界の49カ国の科学者の署名だったので，誤り。　C「ポーリングは核兵器を止めるために熱心に働いたので，ノーベル平和賞を受賞した。」ポーリングの活動内容に合うので，正しい。　D「ポーリングは池田と会い，世界平和について話した。」第5段落の内容に合うので，正しい。　E「科学者は世界のために，良好な健康状態でいなければならないと，ポーリングは考えた。」文中に書かれていない内容なので，誤り。

6-1　(長文読解問題：語句補充，条件英作文)

(全訳)　私の冬休みについて話させてください。私は祖母とオンラインで話しました。彼女はそれは初めてでした。彼女は私に(1)学校生活についてたくさん質問をしたので，私はクラスメートや部活動や文化祭について話しました。彼女は私と話してうれしそうでした。それから私はスケッチブックに彼女の顔の絵を描き，それを彼女に見せました。彼女は「(2)絵を描くのが上手ね」と言いました。私はうれしく思いました。オンラインでの会話の(3-1)後，私はさらに絵を描いて，電子メールで彼女に送りました。実際のところ，オンラインで彼女と会う(3-2)前に，私は彼女のところに本当に行きたかったのです。でも今私はいつでもオンラインで彼女と話せることを知っています。私はまた彼女と話すのを楽しみにしています。

問1　後には「クラスメートや部活動や文化祭」という例が書かれているので，B が正解。A「新年の休み」，B「学校生活」，C「好きな食べ物」，D「好きなイベント」

問2　「～が上手い」は〈 be good at ～ 〉を使うとよい。

問3　全訳参照。

6-2　(条件英作文)

与えられている条件をよく守って書くように心がけるとよい。また，スペルミスや文法上のミスなどに気をつけるようにする。なるべく具体的な内容を考えて書くようにする。

★ワンポイントアドバイス★

6-1　問2では，〈 be good at ～ 〉を使う問題が出されている。「上手に～する」は well を使っても表せるが，「～する人」と使っても可能である。(例)　He is good at playing the piano. = He plays the piano well. = He is a good pianist.

<国語解答>

【一】 (1)　ちょうほう(な)　(2)　さしず　(3)　承(り)　(4)　冬至　(5)　眼鏡

【二】 問1　イ　問2　だが，最後 ～ 俺は思う。　問3　(心を込めるということは，)すべて自分でやる(ものだ。)　問4　エ　問5　ア・オ　問6　(屑肘はらないふつうの，じいちゃんの)心意気を受け継いだ(パン)　問7　(1)　(例)　涙があふれそうになっている　(2)　(例)　父がカツサンドのために食パンを使わせてくれることが嬉しかったから。　問8　エ

【三】 問1　a　ゆえ　c　かわり　問2　イ　問3　エ　問4　ウ　問5　ウ

【四】 問1 先進諸国の人々　問2 哺乳類とし ～ を消費する(から)　問3 c イ d ア　問4 (1) (例) このまま発展や成長を続けていけば地球の許容量を超えて破綻することは明らかだから。　(2) 生きる目標としている　(3) 新しい物語

【五】 (例) 私は「テレワーク」の推進に賛成である。なぜならば，通勤時間がなくなることで精神的な余裕が生まれるのではないかと思うからだ。特に通勤時間の長い人は，通勤のストレスから解放されることにより，仕事に集中できるなどよい影響が出るのではないかと思う。

○推定配点○

【一】 各2点×5　【二】 問1・問4 各2点×2　問7(2) 6点　他 各4点×7

【三】 各3点×5　【四】 問3 各2点×2　問4(1) 7点　他 各4点×4

【五】 10点　計100点

<国語解説>

【一】 (漢字の読み書き)

(1) 「重」を「チョウ」と読む熟語はほかに「貴重」「慎重」など。音読みはほかに「ジュウ」。訓読みは「おも(い)」「かさ(なる)」「かさ(ねる)」。 (2) 「指」の訓読みは「さ(す)」「ゆび」。音読みは「シ」。熟語は「指示」「指定」など。 (3) 「承」の音読みは「ショウ」。熟語は「承認」「承諾」など。 (4) 「冬至」は，一年中でいちばん夜が長く，昼が短い日。太陽が最も南に寄る12月22，23日ごろ。「至」を使った熟語はほかに「至急」「至難」など。訓読みは「いた(る)」。「乃至(ないし)」という読み方もある。 (5) 「眼鏡」は，特別な読み方をする熟字訓。「眼」の訓読みは「め」。音読みは「ガン」。熟語は「眼球」「眼科」など。

【二】 (小説－慣用句，文脈把握，内容吟味，情景・心情，脱文・脱語補充，接続語，表現，大意)

問1 「目は心の鏡」は，心に思うことは目に映したように現れる，という意味。

問2 前に「どうやったって，無理なものは無理だと，音を上げようとした時」とあることから，あきらめずにがんばれという励ましの声が聞こえてきたような気がした，という内容だと考えられる。あきらめない姿勢について，「〈じいちゃんからの手紙〉」には「できねえと突っぱねるのはたぶん簡単だ。だが，最後の最後まで可能性にかけるその心意気ってのが立派だと俺は思う。」とあるので，一文として，「だが，最後……俺は思う。」を抜き出す。

問3 「そういうもの」が指すのは，直前の「おっかなびっくり包丁を持ってキャベツを千切りするところからすべて自分でやらされた」という内容なので，解答欄に合わせて，「すべて自分でやる」などとする。

問4 直前に「使うのは構わない」とあるのに対し，直後では「……親父に対する冒瀆じゃないのか」と，父の作った食パンを使うことを反対する意が示されているので，逆接を表す「でも」が入る。

問5 直前に「どう伝えたらわかってもらえるだろう」とあり，直後には「『カツサンドは俺にとって，じいちゃんと作った，最初で最後のパンなんだ』」とある。カツサンドを作ることは，「じいちゃん」に対する「冒瀆」などではないという自分の気持ちを，どうすれば父にわかってもらえるのだろう，という気持ちが読み取れるので，「冒瀆することをしてしまった」とあるアはあてはまらない。また，「手紙をなくしていないか不安」という心情はここには描かれていないのでオもあてはまらない。

問6 直前に「肩肘張らない，ふつうのパン」とあり，それよりも前に「『形じゃなく，じいちゃ

んの心意気を，受け継ぎたいんだ』」とある。「うちのパンの魅力」を「肩肘張らない，ふつうのパン」と表現し，「じいちゃんの心意気を受け継ぎたい」としている。「じいちゃんの心意気を受け継いだパン」こそが「うちのパン」なのだ，という思いが読み取れるので，「心意気を受け継いだ(パン)」とするのが適切。

やや難 問7 (1) 直前に「言葉などいらない。十分すぎるほど伝わってくる気がして」とあることから，言葉を超えて伝わってくるものに感動している様子が読み取れる。「目の奥が熱くなる」は，感動で涙がこみ上げる様子の表現なので，「涙があふれそうになっている」などとする。

(2) 前に「サンドイッチ用に耳を落とし，十枚に切られた食パンが，整然と並んでいた」とあることから、サンドイッチ用のパンが届いたことに感動し，涙がこみあげているのだとわかる。前に「長い沈黙ののち，父は，断る，と一蹴した」「『三回忌のために焼いたパンだ，それを親父が店では出さないと決めていたサンドイッチにするのは，親父に対する冒瀆じゃないのか』」とある。父が焼いた食パンをサンドイッチに使うことを一度は断った父が，食パンをサンドイッチに使うことを許してくれたことに感動していると考えられるので，「父がカツサンドのために食パンを使わせてくれることが嬉しかったから。(33字)」などとする。

問8 直前に「口々においしそうと呟きながらこぼれる笑顔」とあるので、「人を笑顔にできたことがうれしい」とするアはあてはまる。イは，「どうやったって，無理なものは無理だと音を上げそうになった」とあるが，その後、カツサンドを作ることを思いつき，皆の協力で作ることができたことと合致する。ウは，「『形じゃなく，じいちゃんの心意気を、受け継ぎたいんだ』」という思いが示されていることと合致する。エは，「間違いのない食材」という部分が合致しない。元々作ろうと思っていた「黒船ドッグ」が作れなくなり，あるものをカツサンドを作ったのである。オは，「真澄おばちゃんとすずが具材の準備を整え手伝ってくれる。静男さんは，販売の準備を整えてくれる」とあることと合致する。

【三】 (古文－仮名遣い，文脈把握，脱語補充，大意、主題)

〈口語訳〉 聖武天皇の時代に、奈良の都の馬庭の山寺に僧が住んでいた。その僧は、臨終のときにあたって，弟子に「わたしが死んだ後、三年たつまでは、宿舎の戸を開けてはならない」と言う。そして死んだ後，四十九日を経た頃に、大きな毒蛇が現れ，その宿舎の戸のところに横たわっていた。弟子はその理由がわかったので，(毒蛇を)教化して宿舎の戸を開けて見ると、三十貫の銭が隠し収められていた。(弟子は)その銭を用いて，お経を読んで供養し、善根を積み成仏を祈った。

金銭に執着し隠すために、大きな蛇の身となって，(死んだ僧に)かわってその銭を守ったのだと理解したのである。「高山の頂上を見ることはできても、欲の山の頂上を見るこことはできない」というのは，このようなことを言うのである。

問1 a 「ゑ」は，現代仮名遣いでは「え」となるので，「ゆゑ」は「ゆえ」となる。 c 語頭以外の「はひふへほ」は，現代仮名遣いでは「わいうえお」となるので，「変はり」は「変わり」となり，すべてひらがなに直して「かわり」とする。

問2 前に「その僧，命終の時に臨みて、弟子に告げていいはく『われ死にて後、三年に至らむまで，室の戸を開くことなかれ』といふ」とあるので，銭を室に隠していたのは「僧」。

問3 アは，「七十七日を経て」とあることと合致しない。イは，「僧が弟子を教化して」という部分が合致しない。僧は亡くなった後に，弟子が室の戸を開けたのである。ウは，「三回忌に」という部分が合致しない。本文には「七七日を経て」とある。エは，「銭にふけり隠すによりて，大きな蛇の身を得て，変はりてその銭を護りし」とあることと合致する。

問4 直前の「銭にふけり隠すによりて、……その銭を護りし」という内容を指すので，「欲」が入る。「欲の山の頂を見ること得じ」は，「欲」には際限がない，という意味である。

問5　本文の主題は、金銭欲には限りがない，というものなので，自分の支払いを少しでも少なくしようとする，やや行き過ぎた態度が示されているウが適切。

【四】（論説文－文脈把握，内容吟味，慣用句，要旨）

問1　「私たちは，哺乳類としてのヒトが使うエネルギーの四〇倍以上を消費する生物へと『進化』した」と同様のことは，直前に「日本を含めいわゆる先進諸国では、生産や生活のために使うエネルギーまで含めると，体が使うエネルギーの四〇倍以上も消費している」とあるので、「私たち」は，「先進諸国の人々」と言い換えることができる。

問2　直後に「成長類」とあり，「哺乳類」としての「人類」と区別していることをおさえる。「哺乳類」とは異なる点については，直前に「哺乳類としてのヒトが使うエネルギー四〇倍以上を消費する(27字)」と説明されている。

問3　c「転ばぬ先の杖」は，転んでからでは間に合わないので，転ぶ前に用心して杖をつけ，という意から，しくじらないように，あらかじめ念には念を入れて用心せよ，ということなので，イが適切。　d「集中化・巨大化・均一化の大量生産・大量消費システム」に対する「分散化・小型化・多様化」を意味するので，「無理をしない」とあるアが適切。「身の丈」は，背の高さの意だが，「身の丈に合った」は「自分に合った無理のない」という意味。

やや難　問4　(1)「発展や成長を重視する」ことについては，3段落に「『成長類』の特徴」として，「経済成長を生きる目標としていること」としており，続いて4段落では「私たちが『成長類』として，現在の生活様式を続ける限り，いずれ地球の許容量を超えて破綻するだろう」と述べられているので，このまま発展や成長を重視していけば，いずれ地球の許容量を超えて破綻することは明らかだから，といった内容にすればよい。　(2)「人々に絶対的だと信じられている」と同様のことは，3段落で「生きる目標としている」と表現されている。　(3)　7段落では，「発展や成長を重視する神話」に対して「よりゆったりと，より小さく，より少量であることを重要とする新しい物語」という考え方が示されているので，「新しい物語」を書き抜く。

重要【五】（作文）

テーマは，新型コロナウイルス感染症が収束した後も「テレワーク」を推進することに賛成か反対か，というものなので，賛成か反対か冒頭で自分の立場を明示して，その理由をわかりやすく説明してまとめる。文字数が多くはないので，様々な内容を盛り込もうとせずに，ポイントをしぼって簡潔に表現することを心がけよう。賛成であるならば，「テレワーク」のよい点を，反対であるならばその問題点を説明すればよいだろう。

★ワンポイントアドバイス★

論説文・小説ともに，本文を精読して文脈を正確にとらえる練習をしておこう！
作文対策として，日ごろから時事問題にも関心を持ち，自分の考えをまとめる練習をしておこう！

2020年度

★★★★★★★★★★★★★★★★★★★★★★★

入　試　問　題

2020年度

創価高等学校入試問題

【数　学】（50分）　＜満点：100点＞

【注意】 定規，コンパス，分度器，電卓等を使用してはいけません。

1　次の問いに答えなさい。

(1)　$(-2)^3-(-2^2)-(-2)$ を計算しなさい。

(2)　$(x-2):(2x+5)=2:7$ を満たす x の値を求めなさい。

(3)　2次方程式 $x^2-10x-24=0$ を解きなさい。

(4)　$a=2+\sqrt{3}$，$b=2-\sqrt{3}$ のとき，$a^2-2ab+b^2$ の値を求めなさい。

(5)　右の図は点Oを中心とする円である。∠x の値を求めなさい。

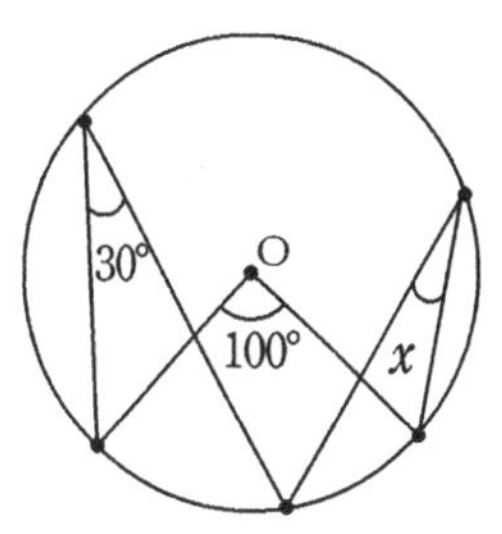

(6)　$\sqrt{150n}$ の値が自然数となるような自然数 n のうち，もっとも小さいものを求めなさい。

2　目が 1，2，2，3，3，3 となっているさいころA，Bがある。次の問いに答えなさい。

(1)　さいころAを1回投げて，奇数の目が出る確率を答えなさい。

(2)　さいころA，Bを2つ同時に投げて，出る目の和が奇数になる確率を答えなさい。

(3)　目が 1，1，2，2，3，3 となっているさいころCを用意する。さいころAとさいころCを同時に投げて，目の和を求める。もっとも出る確率が高いのは，目の和がいくつのときか答えなさい。

3　下の図は，長方形ABCDにBCを直径とする半円が重なってできた図形である。次の問いに答えなさい。ただし円周率は π とする。

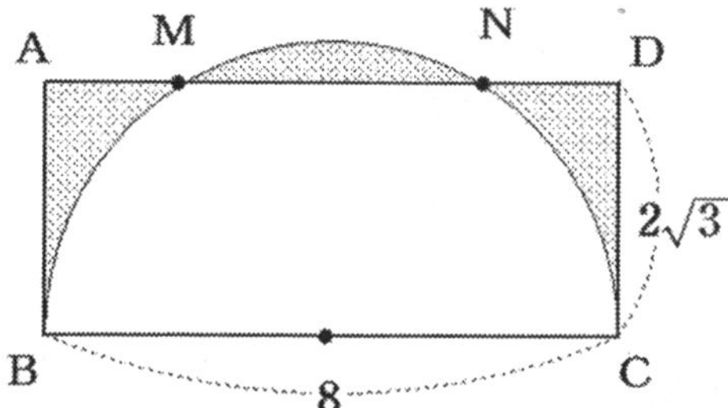

(1)　線分MNの長さを求めなさい。

(2)　弧MNと線分MNで囲まれた図形の面積を求めなさい。

(3)　図のぬりつぶした部分すべての面積を求めなさい。

4　右の図は，関数 $y=ax^2$ と 2点A（－2，2），B（4，8）を通る直線のグラフである。点Cは直線ABと y 軸との交点である。次の問いに答えなさい。ただし円周率は π とする。

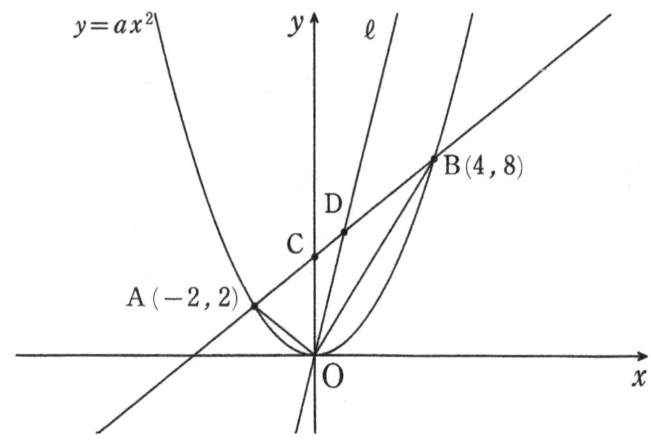

(1)　a の値を求めなさい。

(2)　原点を通る直線 ℓ が△OABの面積を2等分するとき，直線 ℓ と直線ABの交点Dの座標を求めなさい。

(3)　△OCDを y 軸のまわりに1回転させてできる立体の体積を求めなさい。

5　1辺の長さが6の正四面体ABCDにおいて，点Aから底面に垂線AHをひく。BCの中点をEとしたとき，DEを 2：1 に分ける点と点Hが一致した。このとき，次の問いに答えなさい。

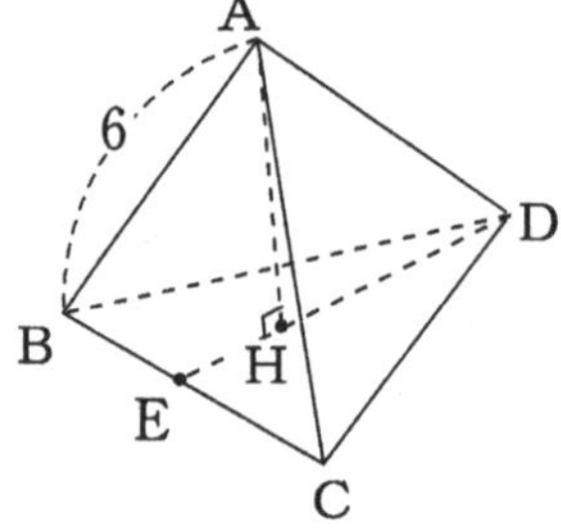

(1)　AHの長さを求めなさい。

(2)　正四面体ABCDの体積を求めなさい。

(3)　CDの中点をFとする。3点A，E，Fを通る平面で正四面体ABCDを切った。このとき，頂点Cを含む立体と残りの立体の体積比を，最も簡単な整数の比で表しなさい。

6　聡さんと明さんが文字式の大小について話している。二人の会話を読み，次の問いに答えなさい。

> **聡さん：$2x$ と $2x^2$ ってどっちのほうが大きいのかな？**
> **明さん：それは x に入る数によって変わるんだって。**
> **聡さん：そうなんだ！じゃ，x の値で分けて考えないといけないね。**
> **あ！x に0を入れると，$2x$ も $2x^2$ も0になって，大きさが同じになるね。**
> **明さん：そうか，同じ大きさになるときも分けて考えなきゃいけないんだね。**

(1)　0以外で，$2x$ と $2x^2$ が同じ値になるときの x を求めなさい。

(2)　x が0と(1)で求めた値以外において，$2x$ と $2x^2$ の大小関係を，解答例を参考にして，表しなさい。

x と $2x$ の大小関係の解答例

$x<0$ のとき	$x>2x$
$x>0$ のとき	$x<2x$

【英　語】（50分）　＜満点：100点＞　　**※リスニングテストの音声は弊社HPにアクセスの上，音声データをダウンロードしてご利用ください。**

【放送問題】

放送問題は 1 2 3 です。 会話や質問など英文は全て１度しか放送されません。放送中にメモをとってもかまいません。

1 質問とそれに対する応答が放送されます。応答の（　）に入る語を聞き取って書きなさい。

1．Oh, it's (　　　).　　2．It's (　　　) the stairs.
3．Yes, it's just (　　　).　　4．Sorry, you (　　　).

2 学校に海外からのお客様を迎えてセミナーが行われます。司会者の開始前の案内と，それに続く質問を聞き，答えとして正しいものを記号で答えなさい。

Question 1
A．A singer　　B．A guitarist
C．A teacher　　D．A photographer

Question 2
A．School days　　B．Favorite music
C．Family memories　　D．Home country

Question 3
A．Listen to her song　　B．Sing a song together
C．Play the guitar　　D．Take a photo

3 ３人の生徒が夏のフィールドワーク（実地研修）の行き先と研修テーマを決める話し合いをしています。３人の会話とそれに続く質問を聞き，答えとして正しいものを記号で答えなさい。

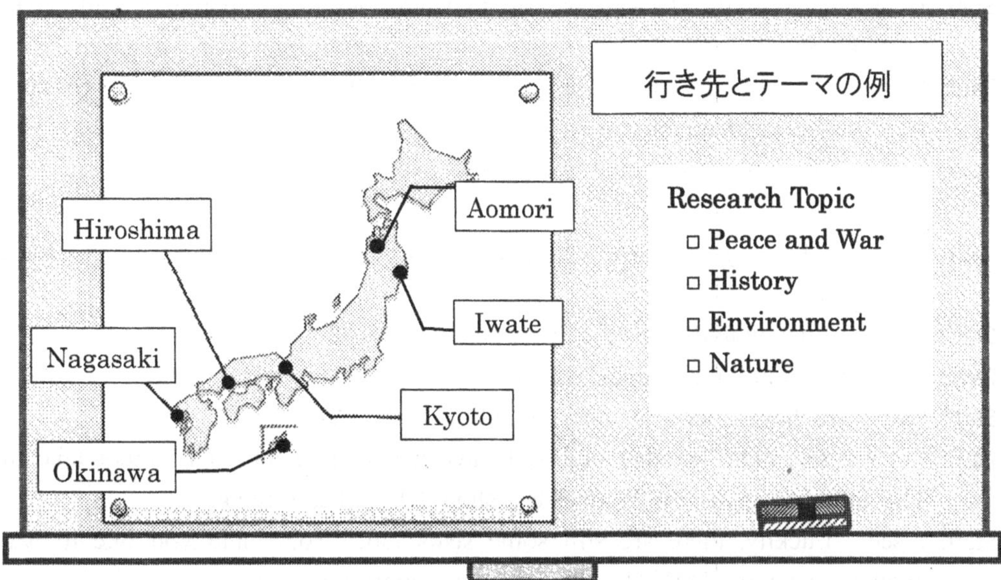

Question 1 (about Okinawa)

A. Weather　B. Museums

C. Earthquakes　D. Cost

Question 2 (about Hiroshima)

A. They cannot take a plane.　B. The museum was renewed.

C. One student often visits there.　D. Many students have visited there before.

Question 3 (about Iwate)

A. See the ocean　B. Meet many foreign tourists

C. Learn about the environment　D. Work with kind people

Question 4

A. Nagasaki　B. Kyoto　C. Iwate　D. Aomori

Question 5

A. Peace and War　B. History　C. Environment　D. Nature

4 英文（留学生の Paul とチケット販売スタッフとの会話，および関連資料）を読み，あとの問いに答えなさい。

Paul: Excuse me.

Staff: Hello. How can I help you?

Paul: I'd like to buy some tickets for the National Sports Festival. I'm planning to watch some events with my grandfather. (1)彼は日本に一週間滞在する予定です。 What events do you think would be good for us?

Staff: All right. Let me see. Here is the schedule for the events. Why don't you watch the opening ceremony on DAY1? There are still some seats left.

Paul: That sounds good! What seats do you have?

Staff: B and C are left. B area has an elevator, but to C area, you will have to take the stairs.

Paul: Umm... (2)[to / it / be / for / will / difficult / my grandfather] go up the stairs. We need an elevator.

Staff: I see. We have a discount for people over 65 years. It's 1,000 yen off on every seat.

Paul: Wow! That's great! He can get the discount. OK, (3) the tickets for the two of us.

Staff: Sure. What would you like to watch the most?

Paul: Well, my grandfather loves watching soccer.

Staff: OK. We have soccer games on DAY2 and DAY3.

Paul: Let me see. On Tuesday nights, I have a part-time job so I cannot take him. The morning game on Wednesday should be fine, I think.

Staff: I see. Luckily, there are still some seats left. So, would you like to watch another event on DAY2? We have two morning events.

Paul: Yes, we'd love to. But actually, the National Arena is too far from my apartment to arrive by 10 a.m. So, we will watch the other event.

Staff: OK, you will watch [ア] on August 6th and [イ] on the 7th, right? I hope you enjoy them.

Paul: Thanks a lot.

DAY 1　August 5th (Monday)

Event	Place	Start	A area	B area	C area
Opening Ceremony	Glory Stadium	13:00	¥7,000	¥4,500	¥3,000

*price per person

DAY 2　August 6th (Tuesday)

10:00
(Passion Dome)

10:00
(National Arena)

18:00
(Wisdom Stadium)

18:00
(Glory Stadium)

DAY 3　August 7th (Wednesday)

10:00
(Wisdom Stadium)

10:00
(Glory Stadium)

18:00
(Passion Dome)

18:00
(National Arena)

問1　下線部(1)を英語に直しなさい。

問2　下線部(2)が意味の通る英文になるように［　］内の語句を並べ替えなさい。ただし，文頭にくる語も小文字になっている。

問3　下線部(3)の金額はいくらですか。数字で答えなさい。

問4　[ア] と [イ] に入る種目を英語で書きなさい。

[5] 英文（大手家電メーカー創業者の松下幸之助について）を読み，あとの問いに答えなさい。

Matsushita Konosuke was born in 1894 in a farming village in Wakayama. When Konosuke was four years old, his father failed in business. The family had to sell their house and land, and move to a smaller house. His father had to work in Osaka to earn money for his family. When Konosuke was nine years old, he was ordered by his father to leave their home and come to work in Osaka. So he left Wakayama. It was only a few months before he was going to graduate from elementary school.

In Osaka, Konosuke learned the basics of business. First, he worked at a *hibachi** store. He worked very hard every day. When he got his first pay, he felt very happy and began to understand the value of hard work. Then, he worked at a bicycle shop. He quickly learned how to use many tools and how to be nice in front of customers. He found [I].

Around this time, Konosuke was impressed with the streetcars which appeared on the main streets of Osaka. He thought [II]. Then, for eight years, he worked at Osaka Electric Light Company and learned many skills. When he was 23, he started Matsushita Electric Housewares Manufacturing Works in Osaka.

In his company, he started with the production of better attachment plugs*. Compared with other plugs, the quality of his plugs was higher and the price was 30% lower. He also designed and produced a two-way socket*. With the socket, people were able to use two electrical items at the same time: a ceiling light and an electrical item such as an iron. It became one of the three most useful household* items of the Taisho period.

He came up with many ideas for [III]. One of them was a battery-powered bicycle lamp. His lamp was able to light for 40 hours without a battery change. It overcame the weakness of the same kind of bicycle lamps which tended to die in about three hours. Years later, he produced his second lamp. It was more convenient because it could be used both as a bicycle lamp and as a portable lamp. He hoped that everyone in Japan would use it.

He was inspired by the idea of producing quality goods and selling them at an affordable price. At that time, many electrical products were too expensive for most people. So, he asked his (3-1)employee to produce an iron which was not expensive and of good quality. The "Super Electric Iron" was born and sold very well. Under his leadership, his company continued to manufacture a lot of popular products, such as washing machines, TVs, refrigerators and so on. (4) These items were widely used in many households in Japan.

His interest was not only in business. He spent a lot of his money to build a big (3-2)pedestrian bridge in front of Osaka Station. It was helpful to save people from car accidents and reduce traffic jams in the city. He also spent much money to start a school to train young leaders for the future of Japan.

Konosuke was known as one of the world's greatest persons. He was very successful in his business. (5) At the same time, he [ ] throughout his life. He passed away in 1989 at the age of 94, but his efforts and spirit are still alive today. Matsushita Konosuke will continue to encourage many people in the future.

注）*hibachi*　火鉢　attachment plug　アタッチメントプラグ（電気器具と配線を接続するための器具）
socket　ソケット（電球をねじ込んで，電気を導くための器具）　household　家庭

問１　Ⅰ ～ Ⅲ に入る表現を次の中から選び，記号で答えなさい。

Ａ．that the age of electricity would come

Ｂ．that these were necessary for doing business

Ｃ．the way to make better bicycles

Ｄ．more useful products in people's lives

問２　松下幸之助が作った自転車ランプの特徴として，正しいものを２つ選び，記号で答えなさい。

Ａ．充電ができる　Ｂ．軽い　Ｃ．寿命が長い

Ｄ．値段が安い　Ｅ．別の用途に使える

問３　下線部（３－１）employee，（３－２）pedestrian の意味として最も適切なものをそれぞれ選び，記号で答えなさい。

（３－１）Ａ．従業員　Ｂ．顧客　Ｃ．工場　Ｄ．販売店

（３－２）Ａ．一方通行の　Ｂ．自動車用の　Ｃ．自転車用の　Ｄ．歩行者用の

問４　下線部⑷のようになった理由を２つ挙げ，日本語で答えなさい。

問５　下線部⑸の［　］に入れるのに最も適切なものを選び，記号で答えなさい。

Ａ．hoped to be the richest in the world

Ｂ．worked hard to make his company larger

Ｃ．tried his best to work for people's happiness

Ｄ．spent much money on his research

Ｅ．saved money for his family

問６　本文の内容と合うものを２つ選び，記号で答えなさい。

Ａ．Konosuke began to work in Osaka after he graduated from elementary school.

Ｂ．Konosuke started his own company in the 1910s.

Ｃ．An iron which Konosuke produced became one of the most useful goods of the Taisho period.

Ｄ．Konosuke taught young leaders how to make a lot of money.

Ｅ．Konosuke became widely famous not only in Japan but also in the world.

問７　あなたが中学時代に頑張ったことは何ですか。そのことについて，2～３文の英語で書きなさい。

エ．大好きな恋人には今の自分のみすぼらしい姿は見せられないと嘆いている。

問５　次に示すのは、⑤⑥⑦⑧の和歌を鑑賞した後に、五人の生徒が話し合っている場面です。⑤⑥⑦⑧の和歌について、**誤ったこと**を発言しているのは**ＡＢＣＤＥ**の誰ですか。記号で答えなさい。

Ａ：⑤の歌は、野原の繁み(しげ)にひっそり咲く姫百合(ひめゆり)と、相手に知られず恋心を抱く自分とを重ね合わせていてうまいと思うなあ。

Ｂ：⑤の歌だったら他にも、野原の緑が全体に広がっている中に、姫百合の鮮やかな色が際立っていて、色彩の対比が美しいわよ。

Ｃ：色彩の対比ということであれば、⑥の歌では空の青と紅葉の赤、⑦の歌では海の青と雲の白が対比されていて印象深いよね。

Ｄ：⑤の歌は、「夏の野」「繁み」「姫百合」と視点がだんだん絞られていくという見事な構成にもなっていて、本当に感心しちゃう。

Ｅ：それなら⑧の歌も、遠景の「春霞(はるがすみ)」から近景の「青柳(あおやぎ)の枝」に焦点を移動しているのが映像の画面の切り替えのようで面白いわ。

【三】 次の①～⑧は『万葉集』に収められている和歌です。これらの和歌に関して、後の問いに答えなさい。

① 恋しけば　形見にaせむと　我が屋戸に　bうゑし藤波　今咲きにけり　山部赤人

② 我が園に　梅の花散る　※1ひさかたの　天より（　Ⅰ　）の　流れ来るかも　大伴旅人

③ ※2常陸(ひたち)さし(目指し)　行かむ※3雁(かり)もが(雁がいてほしい)　我が恋を　記して付けて※4妹(いも)に知らせむ(知らせたい)　物部道足（※5防人(さきもり)歌）

④ 馬の音の　※6とどともすれば　松かげに　出(い)でてぞ見つる　けだし(ひょっとして)※7君かと　詠(よ)み人知らず

⑤ 夏の野の　繁(しげ)みに咲ける　姫百合(ひめゆり)の(姫百合のように)　知らえぬ恋は(あなたに知られない恋)　苦しきものそ　大伴坂上郎女

⑥ ※8時雨(しぐれ)の雨　間無(まな)くな降りそ(降らないでくれ)　紅(くれなゐ)に　にほへる山の(美しく染まっている山)　散らまく惜しも(ことが)　詠み人知らず

⑦ 大き海に　島もあらなくに(ないことだなあ)　海原の　たゆたふ波に(ゆらゆらと動く)　立てるしら雲　詠み人知らず

⑧ 春霞(はるがすみ)　ながるるなへに(時に)　青柳(あおやぎ)の　枝くひ持ちて(くわえ持って)　うぐひす鳴くも　詠み人知らず

《注》
※1　ひさかたの……「天」の語を導き出す語。枕詞(まくらことば)。それ自体は訳されない。
※2　常陸(ひたち)……今の茨城県のあたり。
※3　雁(かり)……寒くなる頃に南下し、暖かくなると北上する渡り鳥の習性を利用して、雁の足に手紙を付けて、通信の手段とした故事がある。
※4　妹(いも)……親しい女性を指していう語。妻や恋人のこと。
※5　防人(さきもり)……主に東国出身で、九州北部に配置された兵士のこと。
※6　とど……「どっどっ」と馬が走る様子を表した擬態語。
※7　君……親しい男性を指していう語。夫や恋人のこと。
※8　時雨(しぐれ)……秋から冬にかけて降ったりやんだりする雨。

問1　――線部a、bを、現代仮名遣いに直しなさい。

問2　（Ⅰ）に入る言葉を考えて答えなさい。また、その言葉にした理由を三十字以内で答えなさい。

問3　③の歌の季節はいつですか。③の和歌に付されている《注》を参考にし、「春・夏・秋・冬」のどれかで答えなさい。

問4　④の歌の作者の心情として最も適切なものを次のア～エの中から一つ選び、記号で答えなさい。

ア．思いを寄せている男性がやって来たのではないかと心をときめかせている。

イ．このように大きな音を立てて馬を走らせているのは誰だと迷惑がっている。

ウ．長い期間にわたって旅に出ていた夫がようやく帰ってきたと安心している。

ウ．確認するため自由に立ち止まったり戻ったりできる「本」は、内容に整合性がないと、読者の読む気を失わせる性質をもっている。

エ．ビデオで早送りや巻き戻しができる「映像」は、日に日に技術が向上しており、今では「本」と同等に想像力を養うことができる。

オ．構成が雑に書かれた「本」は、読後にむなしさを感じさせられるだけなので、長く読み継がれてきた本を集中して読むべきである。

カ．視聴者が内容に矛盾を感じても間断なく進行し続ける「映像」は、疑問をいつの間にか忘れさせてくれ、興味を維持させてくれる。

キ．内容の矛盾を気にせずに読み進めることが困難な「本」は、ファンタジーの場合に限って、一貫性がなくても感動を与えてくれる。

問3　――線部①「設定のあちこちに綻びがあっても、子どもたちはそれを気にせずに楽しんでいます」とありますが、その理由にあたる部分を**【段落二】**から、「～から」につながる形で三十字以内で抜き出し、最初と最後の三字を答えなさい。

問4　――線部②「子どもたちが本を読んでいさえすれば安心と、たかをくくらないでいただきたい」とありますが、その理由として最も適切なものを次の**ア**～**エ**の中から一つ選び、記号で答えなさい。

ア．子どもたちが本に向かっていたとしても、物事を筋道立てて考える力が鍛えられていないから。

イ．現代の子どもたちは、物語の世界を構築する能力が弱まっており、すぐに挫折してしまうから。

ウ．子どもたちの想像力や思考力の訓練は、本ではなく映画やアニメに頼っている現状があるから。

エ．現代は映像の力に圧倒されてしまっており、人間を育む本の力はすでに失われてしまったから。

問5　――線部③「私は、手に持ってページをめくれる『本』という『もの』自体がどんなに優れているかということを、以前にも増して痛感するようになりました」とありますが、コンピューターに比べ、本のどういう点が優れていると筆者は述べていますか。筆者の意見として**適切でないもの**を次の**ア**～**エ**の中から一つ選び、記号で答えなさい。

ア．全体の内容に対し、自分がどのくらい目を通したのかを確認できる点。

イ．項目と項目の遠近感や、ページとページのつながりを実感しやすい点。

ウ．それぞれの項目が、全体の内容の中でどの位置にあるのかが分かる点。

エ．自分が見たいページを記憶から検索して、即座に開くことができる点。

問6　「本」と「映像」とでは、あなたはどちらが好きですか。次の条件に従って、七五字以上一二五字以内であなたの意見を述べなさい。（どちらを選んだかは点数に関係ありません。また、筆者の意見を参考にする必要もありません。）

《条件》

1．最初の一文で、まず自分の結論を述べること。

2．次に、そう考える理由・根拠を述べること。

3．原稿用紙の使い方に従って書き、文体は常体（「だ・である」）で書くこと。

あらゆる道具や機械から二百種あまりを取り上げて、その原理と仕組みを、ときにユーモアをまじえたイラストを使って、わかりやすく説明した本です。私はたまたまその翻訳を手伝うことになり、説明文の翻訳が科学の知識のない人間にでも理解できるようになっているかどうかのチェックを受け持ちました。四百ページ近い大型本の全体にきっちりと目を通していると、ファスナーやスプレーの仕組みから、はてはコンピューターの原理まで、いろんなことがわかるようになって、とてもいい勉強をしました。

その後、この本の原書がCD－ROMになり、その日本語版が出たのを見る機会がありました。ところが、イラストの一部が動いたりするのをおもしろがりながら、次々にクリックして見ているうちに、しだいに不満がつのってきました。（　Z　）、もともとが図鑑的な本ですから、見たい機械を検索するとぱっとその画面が出てくるのは、とても便利です。しかし、本ならば、たとえば電話というのが遠隔通信の項目にあって、ラジオ送信機、受信機、テレビカメラ、ビデオレコーダー、人工衛星、電波望遠鏡、宇宙探査機と肩を並べているのがわかり、その全体が光、写真、印刷、音などとともに波動を利用した機械の部に含まれていることも理解しやすいのですが、パソコンの画面で見ていると、見えるのは常にそのページだけで、それが全体のなかのどこにあるのかは、全然つかめないのです。

もちろん本でも、一度に見られるのは見開き二ページだけです。しかし、手でページをめくればつながりが実感しやすいのに対し、マウスをクリックして出すページとページのつながりは、近いのやら遠いのやら、さっぱりわかりません。たとえば、手元に置いて何度も読み返している本であれば、あの場面のあの台詞（せりふ）は、本の厚みの三分の一くらいの左側のページのまんなかあたりにあった、などということまで覚えていたりするものですが、そんなつかみ方が全然できないのです。もうひとつ気になったのは、そのCD－ROMに入っている情報全体のうち、自分がどれだけに目を通したのかも、全然つかめないということでした。本ならば、「どこまで読んだ」「全部読み切った」と確認することができるのですが、マウスをクリックしているとしょっちゅうもとの画面にもどってしまい、そこからまた出直すので、まるで見通しのきかない迷路のなかにいるようです。この経験のおかげで、③私は、手に持ってページをめくれる「本」という「もの」自体がどんなに優れているかということを、以前にも増して痛感するようになりました。

（脇　明子『読む力は生きる力』より）

問1　（X）（Y）（Z）に入る語の組み合わせとして正しいものを次のア～エの中から一つ選び、記号で答えなさい。

ア．X：ゆえに　　Y：そのうえ　　Z：けれども

イ．X：しかも　　Y：しかし　　Z：たしかに

ウ．X：なぜなら　　Y：ところが　　Z：すると

エ．X：さらに　　Y：つまり　　Z：ただし

問2　**【段落一】**で筆者が述べている「映像」と「本」の説明として、正しいものを次の**ア**～**キ**の中から**二つ**選び、記号で答えなさい。

ア．物事の筋道の正しさを確かめる能力をつけられる「本」は、人間にとって大事な存在であり、その作者が背負う責任は重大である。

イ．あらゆるメディアの中で最も人を引きつける力をもった「映像」は、時間の流れに人間を従わせ、考えることを困難にさせている。

思い浮かべるのも想像力の働きではあります。（　Y　）、言葉を頼りに情景や人物を思い浮かべ、物語の世界に入りこむことと、作者が言葉によって描き出した映像を思い浮かべることとは、明らかにちがっています。最近の物語作者たちは、だれしも映像世代ですから、「ああ、この場面は映画のようだな」と感じさせられることがしばしばあります。カメラがまず風景をとらえ、それから横に移動していくと主人公が立っているのが見え、ショットが切り替わってアップになる、といった一連の映像が、自然に頭に浮かんでくるのです。それはつまり、作者自身が頭のなかに映画やアニメを作り、それを言葉に変換しているということであって、映画以前の文学作品にはそういう書き方はありませんでした。

こういう書き方は意識的な文学技法として使われることもあり、それ自体が悪いわけではありません。しかし、最近の子どもの本での使われ方には、いささか問題を感じます。頭のなかに映画やアニメを作るにしても、まず物語の世界を構築し、登場人物たちを作り、出来事を矛盾なく組み立てていって、それからどの場面をどう「映画化」するかを考えるのなら、それはそれでいいのです。しかし、いきなり頭のなかに映画やアニメを作りながら書くと、どうしても矛盾だらけになりやすいように思います。なぜなら、そんな書き方をする作者の想像力は、それまでに見た映画やアニメの印象的なショットに依存しがちで、こんなショットの次にはこんなショットが効果的、といったぐあいに考えてしまうと、世界として、人物として、出来事としての筋道や一貫性は、置き去りにされかねないからです。

そんなふうに書かれた物語を読んで、世界、人物、出来事を、ファンタジーならファンタジーなりにリアルなものとして想像しようとすると、たちまち矛盾にぶつかって挫折します。しかし、映画なりアニメなりの映像を思い浮かべながら読むと、ショットからショットへとそれなりに巧みな流れが作られているのがわかります。子どもたちがそういうものを読んで、どんなに矛盾があろうと気にしないのは、そのせいではないでしょうか。しかしそれでは、たとえ文字を読んでいるように見えても、ほんとうに想像力や思考力を働かせて本を読んでいることにはなりません。つまり、読書によって培（つちか）われる力のトレーニングにはならないのです。こんな書き方の本は、今後ますます増えていきそうなだけに、②子どもたちが本を読んでいさえすれば安心と、たかをくくらないでいただきたいと思います。

【段落三】

では、コンピューターを扱うことと本を読むこととのあいだには、どんなちがいがあるのでしょう。子どもがコンピューターを扱っていると、なんだか頭がよさそうに見えて、大人は喜んでしまいがちですが、それはどうやら大まちがいのようです。子どもがコンピューターを扱うことの問題全般については、アメリカの教育学者ジェーン・ハーリーが、『コンピュータが子どもの心を変える』において、たくさんの実例を挙げながら、説得力に満ちた考察をしてくれているので、ぜひそれをお読みいただくとして、ここでは、コンピューターというのは全体を見渡すということのできない道具だということだけを、私自身の経験も含めて少しお話ししておきたいと思います。

みなさんは、マコーレイの『道具と機械の本』という、とてもおもしろい知識の本をごぞんじでしょうか。これは、私たちのまわりのありと

問8　この作品の作者は、昭和の後半から平成にかけてたくさんの作品を残した人です。次の中からこの作者と同じころに作品を残した人を二人選び、ア～カの記号で答えなさい。

ア．芥川龍之介　　イ．大江健三郎　　ウ．太宰治
エ．川端康成　　オ．村上春樹　　カ．森鷗外

【二】　次の文章を読んで、後の問いに答えなさい。

【段落一】

映像は本に比べて、はるかに大きな力で見る者をとりこにします。動くイメージ、音声、音楽などが一体となった力に抵抗するのは、大人でさえむずかしいのですから、子どもはなおさらです。（　X　）映像は、映像の側の時間の流れに、見る者を従わせます。ビデオなら早送りや巻きもどしもできないわけではありませんが、本を読むときのように自由に立ち止まったり、もとにもどってみたり、想像力が働きやすいスピードを選んだりというわけにはいきません。

そんな映像を見ながら、物事を筋道立てて考えるというのは、ひじょうに困難です。たとえ気になることがあっても、考えようとするうちにも映像は先へ先へと進みますから、それも見ていなければならず、気になったこともじきに忘れてしまいます。ところが本の場合は、気になれば立ち止まって考えたり、前にもどってたしかめたりできます。その結果、物語に大きな矛盾が見つかると、せっかく想像力で作りつつあった世界が壊れてしまい、先を読む気が失せることもあります。あまりにひどい矛盾があるということは、作者がちゃんとその世界を構築せずに書いているということですから、そこで起こることに一喜一憂してもむなしいと感じるのです。

その点、映像なら、たとえひどい矛盾があろうとも、ろくに気にする暇もなく先へ先へと進みますから、それなりに楽しみ続けられます。だったら映像のほうがいいかというと、そうではありません。物事の筋道が通っていないとき、それに気がついてきちんとたしかめられるというのは、人間にとって必要な能力です。本を読んでいると、要所要所でそれまでのことを整理してみる必要を感じ、筋道が通っていることを確認しては先へ進んでいくことになりますが、だからこそいいのです。雑に書かれていて読む気が失せるような本は、読む価値がないのであって、本を書く人は、粗雑さで読者をしらけさせないように、しっかりとその世界を構築しなくてはなりません。ファンタジーの場合は、その世界が独特な魅力にあふれていれば、たとえ少々の矛盾に気がついても、醒めた意識は片すみにしまっておけます。つまり、長く読み続けられてきた本というのは、数多くの読み手による試練を立派にくぐり抜けてきた本だと言えるわけです。

しかし、最近子どもたちに人気があるという本には、いたるところ矛盾だらけのものが目立ちます。①設定のあちこちに綻びがあっても、子どもたちはそれを気にせずに楽しんでいます。つまり、あからさまな矛盾があろうと、少しも気づいていないようなのです。そんな本を読んでみて気がつくのは、それらが、挿絵があろうとなかろうと、頭のなかに映像を思い浮かべて読むように作られているということです。

【段落二】

目の前にないものを思い浮かべるのが想像力なら、そこにない映像を

かれは、足をふらつかせながら斜面を林の方へ歩きはじめた。

（吉村　昭『銃を置く』より）

《注》
※1　吏員…地方公務員。
※2　勾配…傾斜。
※3　装填…銃砲に弾薬をつめること。
※4　灌木…低木。
※5　六線沢で七人の開拓者を食い殺した羆…弥一郎が子どもの頃、六線沢という集落で人が羆に襲われた事件があったことをさす。

問1　══線部ⓐ～ⓔのカタカナを漢字に直しなさい。

問2　〰〰線部A、Bの語句の意味としてふさわしいものをそれぞれ一つずつ選び、ア～エの記号で答えなさい。

A　果たして　〔ア．ほんとうに　イ．やはり　ウ．せめて　エ．しかし〕

B　おもむろに〔ア．慎重に　イ．注意して　ウ．ゆっくりと　エ．少しずつ〕

問3　次の文は――線部①で、弥一郎が「視線を落としたまま黙っていた」理由についての説明です。次の文中の あ ・ い に、それぞれ十字程度の言葉を入れて文を完成しなさい。

『猟師をやめた自分には あ はなかったが、羆を撃たなければ い ことも考えられ、町長の申し出にどう返事をしてよいか迷っていたから。』

問4　――線部②の様子から、弥一郎は羆が近くにいることを察知します。「必ず羆を仕留めるのだ」という弥一郎の気迫が最もよく表れているものを次の中から一つ選び、ア～オの記号で答えなさい。

ア．周囲に視線を走らせながら灌木のまばらにひろがる斜面をのぼった。

イ．老いを感じさせぬ素早い足の動きで、眼には鋭い光が浮かんでいた。

ウ．一時間ほどした頃、かれは、不意に足をとめ、身をかがめた。

エ．前方になだらかな斜面があり、そこに黒いものが二つ見えた。

オ．幸いかれのいる位置は、風下にあたっていた。

問5　――線部③「美しい射撃姿勢」から、どのようなことがわかりますか。次の中から一つ選び、ア～オの記号で答えなさい。

ア．至近距離に迫ってもまったく羆に気づかれない、弥一郎と自然との調和。

イ．町の人々の期待に応えなければならないという、弥一郎の気負いと焦り。

ウ．長年のブランクをまったく感じさせない、弥一郎の人並み外れた技量。

エ．必ず羆を仕留めようと心を研ぎ澄ませている、弥一郎の隙のない集中力。

オ．羆を見つけてすぐに反応する、弥一郎の素早い動作。

問6　――線部④「もはや羆撃ちではなくなったのだ」という心情は**どのような行動**に表れていますか。本文中からそれを示す文を**二つ**探し、それぞれの文の最初の五字を答えなさい。

問7　――線部⑤「死んだ羆に対する悲哀感が胸にひろがった」から、以前の弥一郎と比べてどのように心情が変化していることが読み取れますか。四十字以内で答えなさい。

さした。それは、家から百メートルほどはなれたなだらかな山の傾斜で、仔を連れた親が、こちらに顔をむけていたという。

弥一郎は、ドアの外に降り立ち、歩き出すと家の前をすぎた。澄んだ水の流れる沢があって、かれは、石を踏んで対岸に渡った。車が反転し、エンジンの音が遠ざかっていった。

かれは、銃に弾丸(たま)を※3装塡(そうてん)し、周囲に視線を走らせながら※4灌木(かんぼく)のまばらにひろがる斜面をのぼった。

前方を見つめたかれは、足をとめ、おもむろに近づいた。②大きな足跡と小さな足跡が印(しる)され、かれは、膝(ひざ)をついて足跡に指先をふれさせた。くぼんだ土はわずかに湿り気をおびていて、羆(ひぐま)が通ってから一時間もたたぬことをしめしていた。

足跡は、斜面を少しずつのぼり、林の中に入っている。

立ち上がったかれは、足跡をたどって歩きはじめた。それは、老いを感じさせぬ素早い足の動きで、眼には鋭い光が浮かんでいた。

足跡は、林の中から沢に降り、岸づたいに進んで、樹木の繁(しげ)る斜面をのぼっている。かれは、小走りに歩きつづけた。

一時間ほどした頃、かれは、不意に足をとめ、身をかがめた。前方になだらかな斜面があり、そこに黒いものが二つ見えた。羆は、休息をとっているらしく、動かない。

かれは、風向をさぐった。鋭い嗅覚(きゅうかく)をもつ羆は、猟師が追ってきているのをかぎとると、すぐれたⓔキャクリョクで遠く去る。幸いかれのいる位置は、風下にあたっていた。

あらためて銃に弾丸が装塡されているのをたしかめると、身をかがめて岩かげやくぼみをえらびながら進んだ。羆は弥一郎に気づかぬらしく、動く気配もない。

二百メートルほどの位置に近づいた。発砲に適した距離であったが、かれは、さらに進み、岩かげにとりついた。親の羆は腰をおろし、その近くで仔がなにかを食っているらしく、体を動かしている。

かれは、片膝をつき、銃をかまえた。③美しい射撃姿勢であった。

親の羆に照準をさだめ、引金をひいた。射撃音がとどろき、硝煙(しょうえん)の臭いが流れた。親の体がくずれると同時に、発砲音に驚いたらしい仔が、斜面を駈(か)けくだりはじめたのを眼にした。

かれは立ち上がると、走る仔に銃口を向けたが、引金を引くことはしなかった。※5六線沢で七人の開拓者を食い殺した羆に対する怨念が、跡かたもなく消えるのを感じた。仔は、視界から去った。

銃をかまえたまま、かれは歩き出し、親に近づいた。足をとめ、羆を見つめた。毛は萎(な)え、舌を出した口から血が流れていた。かなり大きな雌であった。

急に体から力がぬけ、かれは、草の上に腰をおろした。羆の皮をはぐ気にはなれなかった。明日にでも羆を町の者たちに運びおろしてもらおう、と思った。

皮はぎも億劫(おっくう)になった自分は、④もはや羆撃ちではなくなったのだ、と、胸の中でつぶやいた。居間に坐(すわ)り、茶を飲みたかった。

かれは、腰をあげ、銃のベルトを肩にかけた。⑤死んだ羆に対する悲哀感が胸にひろがった。仔を撃たなかったことに、わずかな救いを感じていた。

風が斜面の下方から吹いてきて、斃(たお)れた羆の毛がそよいだ。野鳥の囀(さえず)りがきこえている。

【国　語】（五〇分）〈満点：一〇〇点〉

【注意】解答に字数制限がある場合は、句読点や「　」等の記号も一字として数えます。

【一】次の文章を読んで、後の問いに答えなさい。

〈ここまでのあらすじ〉羆撃ちの猟師・弥一郎は、百頭の羆を仕留めたのを区切りとして猟師をやめることにした。町の人々は彼の功労をたたえ、記念の会が催されることになった。

宴がたけなわになった頃、町はずれに住む男が入ってきた。男の顔は青く、入り口の近くにいた者たちになにか言うと、かれらも顔色を変え、

「クマが出た」

と、一人の男がふるえをおびた声で言った。

その言葉に、宴席のにぎわいが鎮まった。

町長をはじめ男たちが、席をはなれ、男の周囲に集った。

弥一郎は、坐ったまま、仔連れの羆が町はずれに住む男の家の近くに現れたという話をきいていた。

やがて、町長たちの視線が自分にむけられているのを感じ、体をかたくした。

町長が近づいてきて、前の椅子に坐ると、

「山の中で見たというのなら、どうとも思わぬが、人家の近くにクマが出たのでは、なんとかしなければならない。銃を置いたあんたに、こんなことを頼むのは辛いが、もう一度、銃を取ってはくれんか。羆を撃てるのは、あんた以外にない」

と、言った。

①弥一郎は、視線を落としたまま黙っていた。ライフル銃を息子に手渡した ⓐシュンカンから、関節がすべてゆるんだように体から力が失われるのを感じていた。老いが意識され、居間に坐って茶を飲むのに深い安らぎをおぼえている。再び銃をとり、羆とむかい合う気力はなかった。

《中略》

町はずれに現れた羆が、そのように多くの人を襲うとは思えぬが、食肉獣であることから考え、危害を加えることも予想される。A果たして自分がその羆を斃すことができるかどうか。自信はないが、気力をふるいたたせて ⓑイドんでみよう、と思った。

「やってみましょう。ただし、これが最後です」

かれは、Bおもむろに腰をあげ、出入口の方へ歩いていった。

役場の※1吏員が運転する車に乗り、家へ行った。羆を見たという男も、車で後からついてきていた。

ライフル銃を手にし、身仕度をはじめたかれを、妻は、驚いたように見つめ、吏員が説明するのを無言できいていた。

「今後は、銃を絶対に手にしない。夕方までには帰ってくる」

弥一郎は、妻に言うと、靴をはき、家の外に出た。

車は、舗装路を走り、やがて砂利をはねながら進んだ。路はせまくなり、両側に樹木がつらなっている。車は、上り※2勾配のくねった道をのぼっていった。

男の家が、樹木の間から見えてきた。家族は、一人残らず車で家をはなれ、町の ⓒシンセキの家に行っているという。

車がとまり、ⓓキョウフで顔をひきつらせた男が羆の現れた位置を指

2020年度

解　答　と　解　説

《2020年度の配点は解答欄に掲載してあります。》

＜数学解答＞

1 (1) -2　(2) $x=8$　(3) $x=-2,\ 12$　(4) 12　(5) $20°$　(6) $n=6$

2 (1) $\dfrac{2}{3}$　(2) $\dfrac{4}{9}$　(3) 4

3 (1) 4　(2) $\dfrac{8}{3}\pi-4\sqrt{3}$　(3) $8\sqrt{3}-\dfrac{8}{3}\pi$

4 (1) $a=\dfrac{1}{2}$　(2) D(1, 5)　(3) $\dfrac{4}{3}\pi$

5 (1) $2\sqrt{6}$　(2) $18\sqrt{2}$　(3) 1：3

6 (1) $x=1$　(2) $x<0,\ x>1$のとき，$2x<2x^2$　$0<x<1$のとき，$2x>2x^2$

○推定配点○

各5点×20　　計100点

＜数学解説＞

基本 1 **(正負の数，比例式，2次方程式，式の値，角度，数の性質)**

(1) $(-2)^3-(-2^2)-(-2)=-8-(-4)-(-2)=-8+4+2=-2$

(2) $(x-2):(2x+5)=2:7$　$7(x-2)=2(2x+5)$　$7x-14=4x+10$　$3x=24$　$x=8$

(3) $x^2-10x-24=0$　$(x+2)(x-12)=0$　$x=-2,\ 12$

(4) $a^2-2ab+b^2=(a-b)^2=\{2+\sqrt{3}-(2-\sqrt{3})\}^2=(2\sqrt{3})^2=12$

(5) 右の図で，円周角の定理より，$\angle BOC=2\angle BAC=60°$

よって，$\angle COD=100°-60°=40°$より，$\angle x=\dfrac{1}{2}\angle COD=20°$

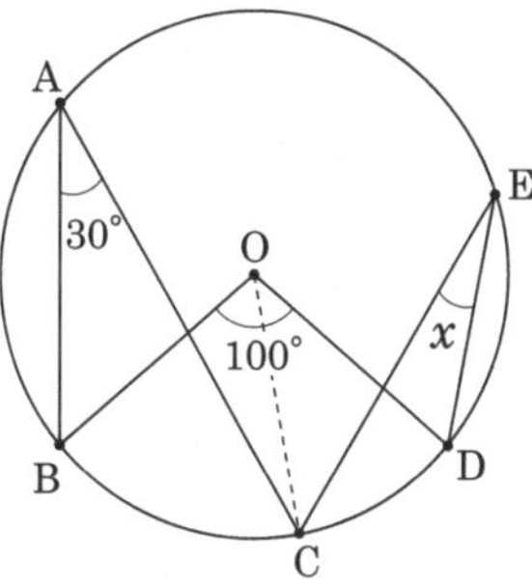

(6) $150=2\times3\times5^2$より，$n=2\times3=6$のとき，題意を満たす。

2 **(確率)**

(1) 奇数は1と3だから，求める確率は，$\dfrac{4}{6}=\dfrac{2}{3}$

基本 (2) さいころの目の出方の総数は$6\times6=36$(通り)　このうち，題意を満たすのは，右の表1の○印の16通りだから，求める確率は，$\dfrac{16}{36}=\dfrac{4}{9}$

(3) 表2より，もっとも出る確率が高いのは，目の和が4のときである。

表1

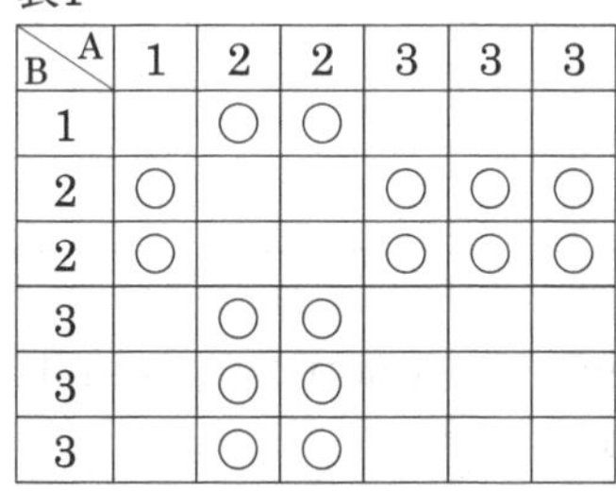

B＼A	1	2	2	3	3	3
1		○	○			
2	○			○	○	○
2	○			○	○	○
3		○	○			
3		○	○			
3		○	○			

表2

C＼A	1	2	2	3	3	3
1	2	3	3	4	4	4
1	2	3	3	4	4	4
2	3	4	4	5	5	5
2	3	4	4	5	5	5
3	4	5	5	6	6	6
3	4	5	5	6	6	6

3 **(平面図形の計量)**

基本 (1) 辺BCの中点をOとし，Oから線分MNにひいた垂線をOHとすると，$OM=8\div2=4$，$OH=2\sqrt{3}$より，$MH=\sqrt{4^2-(2\sqrt{3})^2}=\sqrt{4}=2$　よって，$MN=2MH=4$

基本 (2) △OMNは正三角形だから，∠MON＝60°　よって，求める図形の面積は，おうぎ形OMN－△OMN＝$\pi\times4^2\times\frac{60}{360}-\frac{1}{2}\times4\times2\sqrt{3}=\frac{8}{3}\pi-4\sqrt{3}$

(3) 図形ABMと図形CDNの面積の和は，長方形ABCD－おうぎ形OBM－△OMN－おうぎ形ONC＝$8\times2\sqrt{3}-\frac{8}{3}\pi-4\sqrt{3}-\frac{8}{3}\pi=12\sqrt{3}-\frac{16}{3}\pi$　よって，求める図形の面積は，$\left(\frac{8}{3}\pi-4\sqrt{3}\right)+\left(12\sqrt{3}-\frac{16}{3}\pi\right)=8\sqrt{3}-\frac{8}{3}\pi$

4 **(図形と関数・グラフの融合問題)**

基本 (1) A(−2, 2)は$y=ax^2$上の点だから，$2=a\times(-2)^2$　$a=\frac{1}{2}$

重要 (2) AD＝DBのとき，△OAD＝△OBDとなるから，点Dは線分ABの中点である。そのx座標は$\frac{-2+4}{2}=1$　y座標は$\frac{2+8}{2}=5$　よって，D(1, 5)

重要 (3) 直線ABの式を$y=bx+c$とおくと，2点A，Bを通るから，$2=-2b+c$，$8=4b+c$　この連立方程式を解いて，$b=1$，$c=4$　よって，C(0, 4)　点Dからy軸にひいた垂線をDEとすると，E(0, 5)　求める立体の体積は，△ODEと△CDEをそれぞれy軸のまわりに1回転させてできる円錐の体積の差に等しいから，$\frac{1}{3}\times\pi\times1^2\times5-\frac{1}{3}\times\pi\times1^2\times(5-4)=\frac{4}{3}\pi$

重要 5 **(空間図形の計量)**

(1) △BCDは1辺の長さが6の正三角形だから，高さDEの長さは，$\frac{\sqrt{3}}{2}\times6=3\sqrt{3}$　よって，DH＝$\frac{2}{2+1}$DE＝$2\sqrt{3}$　△ADHに三平方の定理を用いて，AH＝$\sqrt{AD^2-DH^2}=\sqrt{6^2-(2\sqrt{3})^2}=\sqrt{24}=2\sqrt{6}$

(2) 正四面体ABCDの体積は，$\frac{1}{3}\times$△BCD×AH＝$\frac{1}{3}\times\left(\frac{1}{2}\times6\times3\sqrt{3}\right)\times2\sqrt{6}=18\sqrt{2}$

(3) 高さが共通なので，体積比は底面積比に等しい。中点連結定理より，EF//BD，EF＝$\frac{1}{2}$BD　よって，△CEFと△CBDは相似で，△CEF：△CBD＝$1^2:2^2=1:4$　したがって，求める体積比は，△CEF：四角形BEFD＝1：(4−1)＝1：3

6 **(不等式)**

基本 (1) $2x^2=2x$　$x(x-1)=0$　$x=0, 1$　よって，$x=1$

(2) $x<0$，$x>1$のとき，$2x<2x^2$　$0<x<1$のとき，$2x>2x^2$

★ワンポイントアドバイス★

特別な難問もなく，標準レベルの問題の出題である。できるところからミスのないように落ち着いて解いていこう。

<英語解答>

1　1 mine　2 under　3 noon　4 can't

2　1 A　2 A　3 D

3　1 A　2 C　3 C　4 A　5 B

4　問1 He is going to stay in Japan for a week.　問2 It will be difficult for my grandfather to (go up to the stairs.)　問3 ¥8,000

問4　ア　baseball　　イ　soccer

5　問1　Ⅰ　B　　Ⅱ　A　　Ⅲ　D　　問2　C，E　　問3　（3－1）　A　　（3－2）　D

問4　（理由1）　値段が安い　　（理由2）　質が良い　　問5　C　　問6　B，E

問7　（例）　I played baseball and practiced it hard with my teammates. We were able to win the last game, and I was happy.

○推定配点○

1～3　各3点×12　　4　各4点×5　　5　問1　各4点×3　　問7　5点　　他　各3点×9

計100点

＜英語解説＞

1　(リスニング問題)

1. Whose notebook is this?
   Oh, it's (mine).
2. Excuse me. Where is the restroom?
   It's (under) the stairs.
3. Do you have the time?
   Yes, it's just (noon).
4. May l use your eraser?
   Sorry, you (can't).

基本

1. 「これは誰のノートですか。」「ああ，それは私のです。」
2. 「すみません。トイレはどこですか。」「階段の下です。」
3. 「何時ですか。」「はい，ちょうど正午です。」
4. 「あなたの消しゴムを使ってもいいですか。」「すみません，だめです。」

2　(リスニング問題)

Good afternoon, everyone. We are just about to start today's seminar.

Today's guest is Patricia Sanchez from Brazil. She is a singer and has come to Japan on a nation-wide concert tour that will start from next week.

Okay, let me ten you a little about today's program.

First, we'll have a talk session. Patricia will tell us about her life, especially her high school life and future plans. After listening to her talk, we have time for questions and answers.

Next, we'll have Patricia's music performance. She will sing two songs for us. The first song is a famous Brazilian Bossa-nova song. The other song will be a Japanese song, "Furusato". She has asked us to sing it together with her. One of her band members will play the guitar.

After that, we'd like to sing our school song and at the end of the seminar, we will take a group photo.

That's all. Any questions?

Question 1. What is the guest's job?

A singer.　　A guitarist.　　A teacher.　　A photographer.

Question 2. What is the guest going to talk about?

School days.　Favorite music.　Family memories.　Home country.
Question 3. What will they do at the end of the seminar?
Listen to her song.　Sing a song together.
Play the guitar.　Take a photo.

皆さん，こんにちは。今日のセミナーを始めましょう。

今日のゲストはブラジルのパトリシア・サンチェスさんです。彼女は歌手で，来週から始まる全国のコンサートツアーで日本に来ました。

さて，今日のプログラムについて少しお話させてください。

まず，トークセッションを行います。パトリシアは，彼女の人生，特に彼女の高校生活と将来の計画について教えてくれます。彼女の話を聞いた後，私たちは質問と回答の時間があります。

次に，パトリシアの音楽パフォーマンスを行います。彼女は私たちのために2曲歌います。最初の曲は有名なブラジルのボサノバの歌です。もう一つの曲は日本の歌「ふるさと」です。彼女は私たちに彼女と一緒にそれを歌うよう頼みました。彼女のバンドメンバーの一人がギターを弾く予定です。

その後，校歌を歌い，セミナーの最後に集合写真を撮ります。

以上です。質問はありますか。

質問1 「お客さんの仕事は何か。」「彼女は歌手で」とある。
A 「歌手。」　B 「ギタリスト。」　C 「先生。」　D 「写真家。」

質問2 「お客さんは何について話すか。」「彼女の高校生活と将来の計画について教えてくれます」とある。
A 「学校生活。」　B 「好きな音楽。」　C 「家族の思い出。」　D 「母国。」

質問3 「セミナーの最後に何をするか。」「セミナーの最後に集合写真を撮ります」とある。
A 「彼女の歌を聞く。」　B 「一緒に歌を歌う。」　C 「ギターを弾く。」　D 「写真を撮る。」

3 （リスニング問題）

A: We have to choose one of these places to go to, Okinawa, Nagasaki, Hiroshima, Kyoto, Iwate or Aomori. And we also need to decide the research topic. The examples are Peace and War, History, Environment, and Nature. Now, where do you want to go?

B: I want to go to Okinawa to see the ocean. There are also American bases and war memorials. 'Peace & War' can be our research topic.

C: But it's too far and hit by many typhoons. If the flight is canceled because of bad weather, our trip may be canceled, too. It's too risky.

B: That's true. How about Nagasaki then?

A: Nagasaki has many historical places like Dejima, Gunkanjima, a famous old shipyard and the peace memorial. It's a good place to study about 'History' as well as about 'Peace & War'.

C: I'm interested in Nagasaki. But if we want to study about 'Peace & War', how about Hiroshima? The museum was renewed just last summer.

B: Sorry, but actually…my grandparents live in Hiroshima, so I often go there. I'd like to go to Nagasaki and learn about 'History'.

A: How about Kyoto if we want to experience Japanese 'History'?

C: Don't you remember we visited Kyoto for our school trip in junior high? It's always crowded with foreign tourists and it's too hot in summer. I think Nagasaki is better if we want to learn about 'History'.

A: What about a different topic? 'Environment' or 'Nature' in the northern area?

C: I hear in Iwate we can learn about the 'Environment' and clean energy. After the Great Earthquake, they are making much effort to rebuild.

B: Sounds good. But how about Aomori? We can breathe the fresh air. And I hear a farm visit there is wonderful because the people are so kind.

A: It will not be hot. Actually it's rather cool. It's a good place to experience 'Nature' and work on a farm.

C: I'm sorry, it all sounds great but I'd really like to choose 'History' as our research topic.

A: Yeah, and I'm interested in historical places.

B: Okay. I agree with you guys.

Questions

1 What are they worried about with Okinawa?
Weather　Museums　Earthquakes　Cost

2 Why did they not choose Hiroshima?
They cannot take a plane.　The museum was renewed.
One student often visits there.　Many students have visited there before.

3 What can they do in Iwate?
See the ocean　Meet many foreign tourists
Learn about the environment　Work with kind people

4 Where will they go on their field work?
Nagasaki　Kyoto　Iwate　Aomori

5 What will be their research topic?
Peace & War　History　Environment　Nature

A：私たちは沖縄，長崎，広島，京都，岩手，青森など，これらの場所から行くところを選ばなければなりません。そして，研究テーマも決める必要があります。例としては，平和と戦争，歴史，環境，自然があります。さて，どこに行きたいですか。

B：私は沖縄に海を見に行きたいです。アメリカの基地や戦争記念碑もあります。「平和と戦争」が私たちの研究テーマになります。

C：しかし，そこはあまりにも遠く，多くの台風に襲われます。悪天候のためフライトがキャンセルされた場合，私たちの旅行もキャンセルされる可能性があります。それはあまりにも危険です。

B：その通りです。では長崎はどうですか。

A：長崎には，出島，軍艦島，古くて有名な造船所，平和記念碑など，多くの歴史的な場所があります。「平和と戦争」についてだけでなく，「歴史」についても勉強するのに良い場所です。

C：長崎に興味があります。でも「平和と戦争」について学びたければ，広島はどうでしょうか。その博物館は去年の夏にちょうどリニューアルされた。

B：申し訳ありませんが，実は祖父母が広島に住んでいるので，私はよくそこに行きます。長崎に行って「歴史」について学びたいと思います。

A：日本の歴史を体験したいのなら，京都はどうですか。

C：中学の修学旅行で京都を訪れたのを覚えていませんか。外国人観光客でいつも混み合っていて，夏は暑すぎます。「歴史」について学びたいなら長崎の方が良いと思います。

A：別のテーマはどうですか。北部地域の「環境」か「自然」では？

C：岩手で「環境」とクリーンエネルギーについて学べるそうです。大震災の後，彼らは再建に多大な努力をしています。

B：良さそうですね。でも青森はどうでしょうか。　私たちは新鮮な空気を吸うことができます。そして，人々がとても親切なので，そこの農場の訪問は素晴らしいと聞いています。

A：そこは暑くありません。実際には，かなり涼しいです。「自然」を体験し，農場で働くのに良い場所です。

C：すみませんが，すべて素晴らしいですが，私は本当に研究トピックとして「歴史」を選択したいと思います。

A：そうですね，そして私は歴史的な場所に興味があります。

B：オッケイ。私もみんなに賛成です。

Question 1 「沖縄について何を心配しているか。」「多くの台風に襲われます。悪天候のためフライトがキャンセルされた場合，私たちの旅行もキャンセルされる可能性があります」とある。

A 「天候」　B 「博物館」　C 「地震」　D 「費用」

Question 2 「なぜ広島を選ばなかったのか。」　Bは「祖父母が広島に住んでいるので，私はよくそこに行きます」と言っている。

A 「飛行機に乗れない。」　B 「博物館がリニューアルされた。」

C 「1人の生徒がよくそこを訪れている。」　D 「多くの生徒が以前そこを訪れた。」

Question 3 「岩手では何ができるか。」「岩手で『環境』とクリーンエネルギーについて学べる」とある。

A 「海を見る」　B 「多くの外国人旅行者に会う」

C 「環境について学ぶ」　D 「親切な人々と働く」

Question 4 「フィールドワークとしてどこへ行くのか。」　歴史について学ぶことで同意しているので，長崎に行くことになる。

A 「長崎」　B 「京都」　C 「岩手」　D 「青森」

Question 5 「研究テーマは何か。」　会話の最後では「歴史」で合意している。

A 「平和と戦争」　B 「歴史」　C 「環境」　D 「自然」

4 （会話文問題：和文英訳，語句整序，内容吟味，語句補充）

ポール　：すみません。

スタッフ：こんにちは。ご用件は何でしょうか。

ポール　：国民体育大会のチケットを買いたいのです。私は祖父と一緒にいくつかの競技を見るつもりです。(1)彼は日本に1週間滞在する予定です。どの競技が私たちにとって良いと思いますか。

スタッフ：わかりました。少々お待ちください。競技のスケジュールは次のとおりです。1日目の開会式を見ませんか。まだ席が残っています。

ポール　：いいですね！　どの席がありますか。

スタッフ：B と C が残っています。B エリアにはエレベーターがありますが，C エリアに行くには階段を使わなければなりません。

ポール　：うーん…　(2)階段を上るのは私の祖父には難しいでしょう。私たちにはエレベーターが必要です。

スタッフ：わかりました。65歳以上の人には割引があります。1席につき1,000円割り引かれます。

ポール　：わあ！　それはすごい！　彼は割引を得られます。オッケイ，(3)そのチケットを私たち2人分ください。

スタッフ：わかりました。何を一番見たいですか。

ポール　：ええと，私の祖父はサッカーを見るのが好きです。

スタッフ：わかりました。1日目と2日目にはサッカーがあります。

ポール　：そうですね。火曜日の夜は，私はアルバイトがあるので，彼を連れて行けません。水曜日の午前の試合がいいだろうと思います。

スタッフ：なるほど。幸い，まだいくつかの席が残っています。それで，2日目に別の競技も見たいと思いますか。午前中に2つ競技があります。

ポール　：はい，そうしたいと思います。でも，実は，ナショナルアリーナは私のアパートから離れすぎて，午前10時までに到着するには遠すぎます。だから，私たちは他の競技を見ます。

スタッフ：わかりました，では8月6日にア野球を，7日にイサッカーを見られるのですね。どうぞお楽しみください。

ポール　：どうもありがとう。

問1　未来の予定について表すときは〈 be going to ～ 〉を用いる。

問2　〈 it is ～ for S to … 〉で「Sが…することは～である」という意味になる。

問3　Bエリアのチケット代は1人4,500円だが，65歳以上は3,500円になるので，2人分で8,000円になる。

重要　問4　ア　火曜日は夜にアルバイトがあるので，野球かバレーボールのいずれかになる。ナショナルアリーナはアパートから離れすぎていて，午前10時までに到着できないと言っているので，2日目は野球を見ることになる。　イ　祖父はサッカーを見るのが好きだと言っているので，3日目はサッカーを見ることになる。

5　（長文読解問題・説明文：語句補充，内容吟味，語彙，英作文）

（全訳）　松下幸之助は1894年，和歌山の農村で生まれました。幸之助が4歳のとき，父親は仕事に失敗しました。家族は家と土地を売却し，小さな家に引っ越さなければなりませんでした。彼の父親は家族のためにお金を稼ぐため大阪で働かなければなりませんでした。幸之助が9歳の時，父親から家を出て大阪に来るように命じられました。そこで彼は和歌山を去りました。それは彼が小学校を卒業するわずか数ヶ月前でした。

大阪では，幸之助はビジネスの基本を学びました。まずは火鉢の店で働きました。彼は毎日一生懸命働きました。彼は最初の給料をもらったとき，とても幸せだと感じ，勤勉の価値を理解し始めました。その後，自転車屋で働きました。彼はすぐに多くの道具を使用する方法と，顧客の前で素敵になる方法を学びました。彼は，Ⅰこれらはビジネスを行う上で必要であることを知りました。

この頃，幸之助は大阪の主要道路に現れた路面電車に感動しました。彼はⅡ電気の時代が来るだろうと思いました。その後，8年間大阪電燈株式会社に勤務し，多くの技術を学びました。23歳の時，松下電気器具製作所を大阪で始めました。

彼の会社では，彼はより良いアタッチメントプラグの生産を始めました。他のプラグと比較して，彼のプラグは品質が高く，価格は30％低いものでした。彼はまた二股ソケットを設計し，生産しました。そのソケットを使用すると，例えば天井灯とアイロンなどの電気製品のように，2つの電気製品を同時に使用することができました。それは大正時代の3つの最も役に立つ家庭用品の一つとなりました。

彼は$_{\text{III}}$人々の生活におけるより有用な製品のための多くのアイデアを思いつきました。そのうちの一つはバッテリー式の自転車ランプでした。彼のランプはバッテリー交換なしで40時間点灯することができました。それは約3時間でだめになる傾向があった同じ種類の自転車ランプの弱さを克服しました。数年後，彼は2番目のランプを作り出しました。それは自転車用ランプとしても携帯用ランプとしても使えるため，もっと便利でした。彼は日本の誰もがそれを使ってほしいと望みました。

彼は高品質の商品を生産し，手頃な価格でそれらを販売するという考えに触発されました。当時，多くの電気製品はほとんどの人にとって高価すぎました。そこで，彼は$_{(3\text{-}1)}$従業員に高価ではなく質の良いアイロンを作るように頼みました。「スーパー・エレクトリック・アイアン」が生まれ，とてもよく売れました。彼のリーダーシップの下，彼の会社は洗濯機，テレビ，冷蔵庫など，人気のある製品の多くを製造し続けました。$_{(4)}$これらの商品は，日本の多くの家庭で広く使用されました。

彼の興味はビジネスだけではありませんでした。彼は大阪駅前に大きな$_{(3\text{-}2)}$歩行者用の橋を架けるために多くのお金を費やしました。それは交通事故から人々を救い，市内の交通渋滞を減らすのに役立ちました。また，日本の将来に向けて若い指導者を育成するために，学校を始めるために多くのお金を費やしました。

幸之助は世界で最も偉大な人物の一人として知られました。彼は事業で大成功を収めました。同時に，$_{(5)}$彼は生涯を通じて人々の幸せのために働くことに最善を尽くしました。彼は1989年に94歳で亡くなりましたが，彼の努力と精神は今日でも生きています。松下幸之助は今後も多くの人々を励まし続けます。

重要 問1　全訳参照。

問2　第5段落の第3，6文の内容に合うので，C，E が正解。

問3　全訳参照。

問4　第6段落の第1文に，「高品質の商品を生産し，手頃な価格でそれらを販売する」とある。

問5　第7段落の内容や，直前に「世界で最も偉大な人物の一人」だとあることから，C が正解。
A 「世界で一番の金持ちになりたいと望んだ」　B 「自分の会社をより大きくするために熱心に働いた」　C 「人々の幸せのために働くことに最善を尽くした」　D 「研究に多くの金を費やした」　E 「家族のために金を節約した」

問6　A 「幸之助は小学校を卒業した後に大阪で働き始めた。」 第1段落の最後の文の内容に合わないので，誤り。　B 「幸之助は1910年代に自分の会社を始めた。」 第3段落の最後の文に「23歳の時に」とあり，これは1917年にあたるので，正解。　C 「幸之助が作ったアイロンは大正時代において最も役立つ製品の一つになった。」 第4段落にあるように，アイロンではなく二股ソケットのことなので，誤り。　D 「幸之助は多くの金を稼ぐ方法を若いリーダーたちに教えた。」 文中に書かれていない内容なので，誤り。　E 「幸之助は日本だけでなく世界でも広く有名になった。」 第8段落の第1文の内容に合うので，正解。

問7　中学時代に頑張ったことを書く。ミスをせずに書くことが一番大事なので，難しい単語や表現を使おうとせず，自信のもてる表現で書くようにするとよい。また，できるだけ具体的な内容を書くようにしたい。

★ワンポイントアドバイス★

4の問2では〈 it is ~ for S to … 〉が使われている。似た表現として〈 it is ~ of S to … 〉があり，「～」に入る語が人物の性質を表す場合に用いる。(例) It was kind of him to help me.(彼は親切にも私を助けてくれました。)

＜国語解答＞

【一】 問1 a 瞬間 b 挑(んで) c 親戚 d 恐怖 e 脚力
問2 A ア B ウ 問3 あ 羆を撃つ自信や気力 い 人間に危害を加える
問4 イ 問5 エ 問6 かれは立ち・急に体から 問7 (例) 羆に対する怨念を持っていたが，今は撃たれて死んだ羆をかわいそうに思った。 問8 イ・オ

【二】 問1 イ 問2 ウ・カ 問3 ショッ～ている(から) 問4 ア 問5 エ
問6 (例) 私は本の方が好きだ。なぜならば，自分自身の想像力の広がりを感じることができるからである。文字によって書かれたものは，そこから何を感じ取り，どう想像をふくらますか，限りない可能性があると思う。私は，本に親しみ自分自身の想像力や思考力を育んでいきたい。

【三】 問1 a せん b うえし 問2 (例) 雪 (理由) 梅の花の白さとひらひら散る様子が雪に似ていると思ったから。 問3 春 問4 ア 問5 C

○推定配点○

【一】 問1・問2・問8 各2点×9 問7 5点 他 各4点×6
【二】 問6 10点 他 各4点×6
【三】 問1 各2点×2 他 各3点×5 計100点

＜国語解説＞

【一】 (小説－漢字，語句の意味，文脈把握，情景・心情，表現，内容吟味，大意，文学史)

問1 a 「瞬」を使った熟語はほかに「瞬時」「瞬発力」など。訓読みは「またた(く)」。 b 「挑」の音読みは「チョウ」。熟語は「挑戦」「挑発」など。 c 「戚」を使った熟語はほかに「姻戚」「外戚」など。 d 「恐」の訓読みは「おそ(れる)」「おそ(ろしい)」。「怖」の訓読みは「こわ(い)」。 e 「脚」を使った熟語はほかに「脚本」「立脚」など。音読みはほかに「キャ」。熟語は「脚立」「行脚」など。「脚気(かっけ)」という読み方もある。訓読みは「あし」。

問2 A 直後に「～できるだろうか」とあるので，アの「ほんとうに」が適切。「果たして」には，思っていた通り，という意味と，ほんとうに，という二通りの意味がある。 B 「おもむろに」は，静かに，ゆっくり，ゆるやかに，という意味。

問3 このときの弥一郎の心情は，直後に「老いが意識され，居間に坐って茶を飲むのに深い安らぎをおぼえている。再び銃をとり，羆とむかい合う気力はなかった」とあり，後には「羆を斃すことができるかどうか自信はないが」とあることから，もう羆を撃つ気力も自身もないことがわかる。さらに「町はずれに……」で始まる段落には「町はずれに現れた羆が，そのように多くの人を襲うとは思えぬが，食肉獣であることから考え，危害を加えることも予想される」とあるので，「あ」は，「羆を撃つ自信や気力」，「い」は，「人間に危害を加える」などとする。

問4　直後に「立ち上がったかれは，足跡をたどって歩きはじめた。それは，老いを感じさせぬ素早い足の動きで，眼には鋭い光が浮かんでいた」とある。「素早い足の動き」「眼には鋭い光」は，「気迫」を感じさせる表現といえるので，イが適切である。他の選択肢は，事実や行動の描写なので，「気迫」の表現にはあてはまらない。

問5　直後に「親の羆に照準をさだめ，引金をひいた。射撃音がとどろき，硝煙の臭いが流れた。親の体がくずれると同時に……」とあることから，寸分たがわぬ正確さで親熊を仕留めたことがわかる。「美しい射撃姿勢」は，羆に向かって精神を集中させていることの現れである。

やや難　問6　直前に「皮はぎも億劫になった自分」とあることに着目する。「羆撃ちではなくたった」と実感せざるを得ない状況にあてはまる二文としては，「かれは立ち上がると，走る仔に銃口を向けたが，引金を引くことはしなかった。」「急に体から力がぬけ，かれは，草の上に腰をおろした。」が適切である。羆の仔に引金を引くことができず，仕留めた親の羆を前にして，皮をはぐ気にもなれず力が抜けて腰をおろしてしまう自分を「もはや羆撃ちではなくなったのだ」と感じているのである。

問7　「以前の弥一郎」について，「かれは……」で始まる段落に「六線沢で七人の開拓者を食い殺した羆に対する怨念」とあるのに対し，今は撃った羆に対して「悲壮感」を抱くようになったという文脈なので，以前は羆に対する怨念があったことと，今はその気持ちが消えて，撃った羆に対して「悲壮感」を覚えるようになったことを対比させてまとめるとよい。

問8　吉村昭(1927～2006)は，昭和後半～平成に作品を残した作家。作品は『破獄』など。アの芥川龍之介(1892～1927)は，大正期の作家で，作品は『羅生門』『トロッコ』『河童』など。イの大江健三郎(1935～)は，昭和32年デビュー。現在に至るまで多くの作品を発表し続けている。1994年にはノーベル文学賞を受賞した。作品は『飼育』『死者の奢り』など。ウの太宰治(1909～1948)は，昭和前期の作家で，作品は『人間失格』『斜陽』『津軽』『走れメロス』など。エの川端康成(1899～1972)は，大正～昭和期に作品を残し，1968年にはノーベル文学賞を受賞した。作品は『伊豆の踊子』『雪国』など。オの村上春樹(1949～)は，昭和54年に『風の歌を聴け』でデビュー。現在に至るまで多くの作品を発表し続けている。作品は『ノルウェイの森』『ねじまき鳥クロニクル』『1Q84』など。カの森鷗外(1862～1922)は，明治～大正期の作家で，作品は『舞姫』『雁』『澁江抽斎』など。

【二】(論説文－脱語補充，接続語，文脈把握，内容吟味，要旨，作文)

問1　Xは，直前の「映像は……見る者をとりこにします」に，直後の「……見る者を従わせます」を付け加えているので，累加を表す語が入る。Yは，直後で「……明らかにちがっています」と打消し表現になっているので，逆接を表す語が入る。Zには，直後に「……とても便利です」とあることから，直後の内容を肯定する意味の「たしかに」が入るとわかるので，Xは「しかも」，Yは「しかし」，Zは「たしかに」とするイが適切。

やや難　問2　アは「物事の筋道を確かめる能力をつけられる」，イは「あらゆるメディアの中で最も人を引きつける力をもった『映像』」，エは「『本』と同等に想像力を養うことができる」，オは「長く読み継がれてきた本を集中して読むべき」，キは「一貫性がなくても感動を与えてくれる」という部分が本文の内容と合致しない。ウは，「そんな……」で始まる段落に「本の場合は，気になれば立ち止まって考えたり，前にもどって確かめたりできます。その結果，物語に大きな矛盾が見つかると，せっかく想像力で作りつつあった世界が壊れてしまい，先を読む気が失せることもあります。……そこで起きることに一喜一憂してもむなしいと感じるのです」とあることと合致する。カは，「その点……」で始まる段落に「ファンタジーの場合は，その世界が独特な魅力にあふれていれば，たとえ少々の矛盾に気がついても，醒めた意識は片すみにしまっておけます」

とあることと合致する。

問3　同様のことは，「そんなふうに……」で始まる段落に「子どもたちが……どんなに矛盾があろうと気にしないのは，そのせいではないでしょうか」とある。「その」は，直前の「映画なりアニメなりの映像を思い浮かべながら読むと，ショットショットへとそれなりに巧みな流れが作られている」を指すので，「ショットショットへとそれなりに巧みな流れが作られている(27字)」を抜き出す。

問4　理由は，直前に「しかしそれでは，たとえ文字を読んでいるように見えても，ほんとうに想像力や思考力を働かせて本を読んでいることにはなりません。つまり，読書によって培われる力のトレーニングにはならないのです」と述べられているので，アが適切。

問5　「『本』がどんなに優れているか」については，「もちろん……」で始まる段落に筆者の考えが述べられている。「手でページをめくればつながりが実感しやすいのに対し，マウスをクリックして出すページとページのつながりは，近いのやら遠いのやら，さっぱりわかりません。たとえば……あの場面あの台詞は，本の厚みの三分の一くらいの左側のページのまんなかあたりにあった，などということまで覚えていたりするものですが，そんなつかみ方が全然できないのです。本ならば『どこまで読んだ』『全部読み切った』と確認することができるのですが，マウスをクリックしていると……まるで見通しのきかない迷路のなかにいるようです」と述べられているので，ア・イ・ウは合致する。エの「検索」は，コンピュータの特徴なので，「本」の優れている点にはあてはまらない。また本の場合，「見たいページを記憶」していれば，「検索」しなくてもすぐに開くことができる。

重要　問6　設問に「どちらが好きですか」とあるので，冒頭の一文で「私は～が好きだ」と明示して書き始めること。「本」と「映像」のどちらを選ぶにしても，好きな理由を論理的に説明することが必要である。「面白いから」「何となく」といった感覚的な表現にならないよう注意し，わかりやすく簡潔に述べることを心がけよう。「原稿用紙の使い方に従って」とあるので，書き出しは一字空け，句読点の位置に注意して仕上げよう。文体の指定があることにも注意しよう。

【三】（和歌―仮名遣い，脱語補修，心情，歌意，表現）

（歌意）①　恋しい人の形見にしようと，わが家の庭に植えた藤の花が，今咲いたことだなあ。　②　わが家の庭園に梅の花が散っている。大空から雪が流れてくるのであろうなあ。　③　常陸の国を目指して飛んで行く雁がいてほしいものだ。私の思いを記し付けて，恋しい人に知らせたい。　④　馬の走るどっどっという音がしたので，松かげに出て見てみました。ひょっとしてあなたが来たのではないかと思って。　⑤　夏の野の繁みにひっそりと咲く姫百合のように，あなたに知られない恋は苦しいものです。　⑥　時雨の雨よ，絶え間なく降らないでくれ。紅に美しく染まっている山の紅葉が散ることが惜しいので。　⑦　大きな海に島もないことだなあ。海原にゆらゆらと動く波が立てる白雲よ。　⑧　春霞が流れる時に，青い柳の枝をくわえ持ってうぐいすは鳴くのだろう。

問1　a　語尾の「む」は，「ん」と発音し，現代仮名遣いでは「ん」と表記するので，「せむ」は「せん」となる。　b　「ゑ」は，現代仮名遣いでは「え」となるので，「うえし」となる。

やや難　問2　「梅の花散る」と「天より」「流れ来る」に着目する。梅の花が散る様子を，「天より」「流れ来る」ものにたとえているとわかるので，空から降ってくるものとして「雪」とするのが適切である。「雪」とした場合は，理由について，「梅の花」と「雪」が似ていることを表現するとよい。

やや難　問3　「雁」は，注釈に「寒くなる時期に南下し，暖かくなると北上する」とあり，作者に「防人歌」とあることから，九州地方で詠まれた歌だとわかる。「常陸(現在の茨城県)」は，九州地方の北部に位置することから，暖かくなる季節に詠まれたとわかるので，「春」が適切。

問4 「松かげ」からそっと見ているので，ひょっとして恋人がやってきたのではないか，とかすかな期待を持って見ていることを表すアが適切である。馬が走る音に敏感に反応し，思わず外へ出て見るという行動は，「心をときめかせている」ことの表れであると解釈する。

問5 Cは，「空の青」という部分があてはまらない。⑥の歌には「時雨」とあるので，描かれているのは青空ではなく，雨模様の空である。

★ワンポイントアドバイス★

小説，論説文ともに，表現の細部にまで着目し，丁寧に文脈を追う練習をしておこう！　記述対策として，指示内容や筆者の主張などを簡潔に要約する練習もしておこう！

解答用紙集

○月×日 △曜日 天気(合格日和)

◆ご利用のみなさまへ
＊解答用紙の公表を行っていない学校につきましては、弊社の責任において、解答用紙を制作いたしました。
＊編集上の理由により一部縮小掲載した解答用紙がございます。
＊編集上の理由により一部実物と異なる形式の解答用紙がございます。

人間の最も偉大な力とは、その一番の弱点を克服したところから生まれてくるものである。 ――カール・ヒルティ――

東京学参株式会社

創価高等学校　　2024年度

◇数学◇

※ 106%に拡大していただくと，解答欄は実物大になります。

1

(1)	(2)	(3) $x=$ 　　, $y=$
(4) $x=$	(5) 　　°	

2

(1) 　：	(2) 　：	(3) 　：

3

(1)	(2)	(3)

4

(1) $a=$	(2) $y=$	(3)

5

(1) 　　°	(2)	(3)

6

(1)	(2)	(3)

創価高等学校　2024年度

◇英語◇

※ 130%に拡大していただくと，解答欄は実物大になります。

1

①	②	③	④

2

(1)	(2)	(3)

3

1	2	3

4

調査結果によると、イヌを飼う子どもは、

・

・

5

問1	I	II	III	IV	
問2					
問3	(3-1)	(3-2)			
問4					
問5	He wanted to use his money for ( ).				
問6	(1)	(2)	(3)	(4)	(5)

6

問1	【 】before.			
問2	①	②	③	④
問3				

7

◇国語◇

創価高等学校　２０２４年度

※１３９％に拡大していただくと、解答欄は実物大になります。

【一】

問1

問2

問3

問4　A　B

問5

問6

問7　1　2　3　4

問8

100

【二】

問1　①　②　③　④　⑤

問2　問3　問4　問5　問6

問7

問8　1　2　3

問9

【三】

問1　a　b　c

問2　(1)　(2)

問3　問4　問5　問6

創価高等学校　2023年度

◇数学◇

※ 147%に拡大していただくと，解答欄は実物大になります。

1

(1) $x=$　　，$y=$	(2)

(3)	(4)	(5)

2

(1) ：	(2) ：	(3) ：

3

(1) 通り	(2)	(3)

4

(1) $b=$	(2)	(3)

5

(1)	(2) °	(3) ：

6

(1)	(2)	(3)

創価高等学校　2023年度

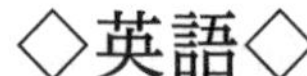

※ 130%に拡大していただくと，解答欄は実物大になります。

1

①	②	③	④

2

1	2	3

3

1	2	3

4

・電子書籍は＿＿＿＿＿＿＿＿＿＿のでで便利

・紙の書籍は＿＿＿＿＿＿＿＿＿＿ので便利

・私は＿＿＿＿＿＿＿＿のほうが好き

5

問1	She encouraged him to【　　　】				
問2		問3 I	II	III	IV
問4					
問5		問6			

6

問1		問2	
問3		問4		問5	

7

創価高等学校　２０２３年度

※１３９％に拡大していただくと、解答欄は実物大になります。

【一】

問1　問2　問3　A　B　問4

問5

問6　1　2　3　4

問7

【二】

問1　①　②　③　④　⑤

問2　問3　問4　問5　問6

問7

問8　記憶は　45

問9

問10　100

【三】

問1　a　b　c

問2　問3　問4

問5

問6　〜

創価高等学校　2022年度

◇数学◇

※ 109%に拡大していただくと，解答欄は実物大になります。

1

(1)	(2)	(3)

(4) $\angle x =$ $\circ$	(5)

2

(1)	(2)	(3)
通り	通り	

3

(1)	(2)	(3)
$a =$		

4

(1)	(2)	(3)
	:	

5

(1)	(2)	(3)
		:

6

(1)	(2)	(3)

創価高等学校　2022年度

◇英語◇

※ 135%に拡大していただくと，解答欄は実物大になります。

1

①	②	③	④

2

1	2	3	4

3

1	2	3

4

聴導犬になる犬の条件で大切なのは＿＿＿＿＿ではなく＿＿＿＿＿である。

日本の聴導犬の数が少ない理由

・＿＿＿＿＿＿＿＿＿＿＿＿＿＿＿＿＿＿＿＿

・＿＿＿＿＿＿＿＿＿＿＿＿＿＿＿＿＿＿＿＿

5

問1	I	II	III	IV

問2	
	理由1
	理由2

問3	3-1	3-2	3-3	問4		問5		問6	

問7	

6

問1　We can [　　　　　　　　　　] later.

問2	①	②	③

7

I visited

◇国語◇

創価高等学校　２０２２年度

※１４１％に拡大していただくと、解答欄は実物大になります。

【一】

問1　問2　問3　問4　問5

問6　（15）

問7　問8

【二】

問1　①　②　③　④　⑤

問2　問3

問4　という気持ち

問5　問6　問7

問8　日本人は、

問9

【三】

問1　①　②　③

問2　A　B　C

問3

問4　〜

問5

【四】

75

125

創価高等学校　2021年度

◇数学◇

※ 109%に拡大していただくと，解答欄は実物大になります。

1

(1)	(2)	(3)
(4)	(5)	(6)

2

(1)
(2)

3

(1)	(2)	(3)

4

(1)	(2)	(3)

5

(1)	(2)	(3)

6

(1)	(2)	(3)

創価高等学校　2021年度

◇英語◇

※ 133％に拡大していただくと，解答欄は実物大になります。

1

1	2	3	4

2

会話1	会話2	会話3

3

1	2	3	4

4-1

1	2

4-2

1	2	3

5

問1 ?

問2 I　II　III　問3 3-1　3-2

問4

問5　問6 6-1　6-2

問7　問8

6-1

問1

問2 “ ”.

問3 3-1　3-2

6-2

◇国語◇

創価高等学校　２０２１年度

※１４４％に拡大していただくと、解答欄は実物大になります。

【一】
(1) な (2) (3) り (4) (5)

【二】
問1
問2 ～
問3 心を込めるということは、 ものだ。
問4
問5
問6 雇用はらないふつうの、じいちゃんの パン
問7 (1) (2)
問8

【三】
問1 a c
問2
問3
問4
問5

【四】
問1
問2 ～ から
問3 c d
問4 (1) (2) 5 (3)

【五】
75
125

創価高等学校　2020年度

◇数学◇

※ 104％に拡大していただくと，解答欄は実物大になります。

1

(1)	(2) $x=$	(3) $x=$
(4)	(5) 　　　。	(6) $n=$

2

(1)	(2)	(3)

3

(1)	(2)	(3)

4

(1) $a=$	(2) D(　,　)	(3)

5

(1)	(2)	(3) 　：

6

(1) $x=$	(2)

創価高等学校　2020年度

◇英語◇

※ 137%に拡大していただくと，解答欄は実物大になります。

1

1	2	3	4

2

1	2	3

3

1	2	3	4	5

4

問1		
問2	go up the stairs.	
問3	¥	
問4	ア	イ

5

問1	I	II	III	
問2			問3	3-1 / 3-2
問4	理由1			
	理由2			
問5		問6		

問7

◇国語◇

創価高等学校　２０２０年度

※134％に拡大していただくと、解答欄は実物大になります。

【一】

問1　ⓐ シュンカン　ⓑ イドんで　ⓒ シンセキ　ⓓ キョウフ　ⓔ キャクリョク

問2　A　B

問3　あ　10　い　10

問4

問5

問6

問7　40

問8

【二】

問1

問2

問3　〜　から

問4

問5

問6　75　125

【三】

問1　a　b

問2

理由　30

問3

問4

問5

〈ダウンロードコンテンツについて〉

本問題集のダウンロードコンテンツ、弊社ホームページで配信しております。現在ご利用いただけるのは「2025年度受験用」に対応したもので、**2025年3月末日**までダウンロード可能です。弊社ホームページにアクセスの上、ご利用ください。

※配信期間が終了いたしますと、ご利用いただけませんのでご了承ください。

高校別入試過去問題シリーズ

創価高等学校　2025年度

ISBN978-4-8141-2946-1

[発行所] 東京学参株式会社
〒153-0043　東京都目黒区東山2-6-4

書籍の内容についてのお問い合わせは右のQRコードから　⇒ 

※書籍の内容についてのお電話でのお問い合わせ、本書の内容を超えたご質問には対応できませんのでご了承ください。

2024年4月23日　初版